公共经济与公共管理评论

PUBLIC ECONOMICS & ADMINISTRATION REVIEW

2015年卷

浙江财经大学东方学院公共经济管理研究所 编

中国财经出版传媒集团
中国财政经济出版社

图书在版编目（CIP）数据

公共经济与公共管理评论．2015 年卷/浙江财经大学东方学院公共经济管理研究所编．—北京：中国财政经济出版社，2016.12
ISBN 978-7-5095-7134-7

Ⅰ．①公…　Ⅱ．①浙…　Ⅲ．①公共经济学-文集②公共管理-文集③财税-中国-文集　Ⅳ．①F062.6-53②D035-53

中国版本图书馆 CIP 数据核字（2016）第 300473 号

责任编辑：温彦君　　　　　　责任校对：李　丽
版式设计：兰　波

中国财政经济出版社 出版
URL：http：//www.cfeph.cn
E-mail：cfeph@cfeph.cn

社址：北京市海淀区阜成路甲 28 号　邮政编码：100142
营销中心电话：88190406　北京财经书店电话：64033436　84041336
北京京华虎彩印刷有限公司印刷　　　各地新华书店经销
787×1092 毫米　16 开　8.75 印张　200 000 字
2016 年 12 月第 1 版　2016 年 12 月北京第 1 次印刷
定价：48.00 元
ISBN 978-7-5095-7134-7/F·5721
（图书出现印装问题，本社负责调换）
本社质量投诉电话：010-88190744
打击盗版举报热线：010-88190492，QQ：634579818

《公共经济与公共管理评论》编委会

目　录

清理规范税收优惠政策研究[①]

刘 颖[②]

摘 要 十八届三中全会决定首提清理规范税收优惠政策，当前对税收优惠清理规范以及加强税收法治化建设问题进行研究，具有重要的现实意义。本文以国发〔2014〕62号文以及国发〔2015〕25号文件精神为出发点，分别从税收优惠政策出台的依据与特点、我国税收优惠政策的现状以及存在问题、清理规范的必要性等方面对相关问题进行了分析，将税收优惠政策分为显性政策与隐性政策并区别对待。最后提出了加快税收立法、推进税制改革、建立税式支出预算、发展产业创新投资基金等促进税收优惠政策清理规范的具体实施路径。

关键词 清理规范 税收优惠 税收立法 税制改革 税式支出

十八届三中全会决定提出我国税制改革方向，包括完善地方税体系、六大主要税种改革、清理规范税收优惠政策等。全会提出要发挥市场在资源配置中的决定性作用，并以此为逻辑起点，要求“按照统一税制、公平税负、促进公平竞争的原则，加强对税收优惠特别是区域税收优惠政策的规范管理。税收优惠政策统一由专门税收法律法规规定，清理规范税收优惠政策”，全会首提清理规范税收优惠政策，对推动完善社会主义市场经济体制、深化财税体制改革意义重大。同时该次会议提出深化财税体制改革，重点要落实税收法定原则。税收法治化程度也从一个侧面反映着国家治理的法治化程度和科学化水平。因此，本文的研究内容与推进税收法治化建设以及清理规范税收优惠的政策接轨，具有重要的现实意义。

国外关于该主题的研究，主要体现在最优税制理论中涉及税式支出（税收优惠）以及税收竞争问题，相对系统规范。国内税法学界也有一些关于税收优惠的研究，如钱俊文（2005）、王霞（2012）等，主要在税收调节

---

① 嘉兴市财政学会、嘉兴市国际税收研究会2015年度招标课题研究成果。

② ［作者简介］刘颖，副教授，浙江财经大学东方学院。

职能理论中涉及税收优惠研究，以分专题、分税种的税收优惠政策研究为主，尚缺乏系统性的研究。目前我国关于清理规范税收优惠政策的专门研究不多，如程淑娟（2011）、何旭（2014）从税收优惠政策的内容、现行政策存在的问题、加强税收优惠政策管理的措施等方面做了初步探讨；刘剑文、马琳（2014）着重从现存税收优惠政策存在的问题、产生的原因、清理原则以及清理步骤的法律路径方面进行了分析研究。张守文（2013）提到，我国税收优惠政策尤其是区域优惠政策过多过滥，需要加快税收优惠的法治化进程，制定专门的税收优惠法。

2014年11月国务院发布《关于清理规范税收等优惠政策的通知》（国发〔2014〕62号文），要求全面规范和清理地方各类税收等优惠政策，规定未经国务院批准，各地区、各部门不得对企业规定财政优惠政策。国发〔2014〕62号文已对各地自行制定税收等优惠政策作出清理部署，即真正要清理的是一些地方政府的“土政策”，而不是要取消所有国家统一制定的税收优惠政策。清理的重点是由省级及以下各级政府、部门在税法明确授予的管理权限之外，通过擅自更改、调整、变通国家税法和税收政策等方式自行出台，且正在执行的减免税和税收先征后返政策。考虑到目前国内经济下行的巨大压力下，国发〔2014〕62号文执行起来面临很大阻力，经济波动中地方清理税收优惠实难推进，暂缓清理税收优惠可以给企业一个稳定预期。因此，2015年5月国务院发布《关于税收等优惠政策相关事项的通知》（国发〔2015〕25号文），指出：“《国务院关于清理规范税收等优惠政策的通知》（国发〔2014〕62号文）规定的专项清理工作，待今后另行部署后再进行。”依据最新文件精神，此次政策调整后，为地方税收优惠政策设置过渡期，一定期限内优惠政策继续执行，清理不再“一刀切”。该规定给地方政府与企业增加了必要的缓冲期。但是从长远来看，取消不合理的税收优惠政策仍是大趋势，要在清理整顿的基础上，对优惠政策做全局和通盘考虑。

一、税收优惠政策出台的依据与特点

（一）税收优惠政策实施依据

税收优惠政策是税收法律制度的组成部分，指税法对某些纳税人和征税对象给予鼓励和照顾的一种特殊规定。税收优惠政策是国家利用税收调节经济的具体手段，国家通过税收优惠政策，可以扶持某些特殊地区、产业、企业和产品的发展，促进产业结构的调整和社会经济的协调发展。税收优惠政策的核心就是强化税收宏观调控经济的职能，发挥宏观导向的作用，适应市场经济体制的作用。世界各国政府为了确保经济的稳定增长，都根据各自的情况，施行了一系列税收优惠政策。

（二）税收优惠政策实施的特点

从国际上税收优惠政策的特点来看，基本上具有法制性、目的性、重点性等特征。改革开放以来，我国税收优惠政策在不同的历史阶段、出于不同的目标而逐步形成，总结而言，实施税收优惠政策主要出于以下几点考虑：

（1）支持区域经济发展。我国幅员辽阔，地区间经济发展不平衡，改革开放以来，为配合国家的区域经济发展战略，国家在不同阶段出台了一系列的区域税收政策。通过税收政策的特殊安排，吸引社会资本向特殊地区或者欠发达地区流动，可以起到加快该类地区发展的作用。

（2）促进科技创新、支持高新技术企业发展。运用税收政策支持科学研究是各国税收政策的重要着力点，对研究开发行为给予税收减免、对高新技术企业实施税收优惠也是国际惯例。近年来，我国促进科技创新的税收政策有接近三十多项，而且力度不断加大，覆盖范围不断延伸，涵盖了包括增值税、营业税、企业所得税、个人所得税等主要税种。

（3）支持中小微企业发展。国内外的经验证明，小微企业发展好，经济就有活力，社会更加稳定。有关数据显示，我国目前小微企业约占企业总数的 76.57%，如果算上个体工商户则比重达到 94.15%。小微企业解决了我国 1.5 亿人口的就业问题，特别是新增就业和再就业人口 70% 以上集中在小微企业。扶持小微企业发展是世界各国的普遍做法。从量能负担原则和着眼长远发展来看，要充分运用财政、金融和税收等多手段积极扶持小微企业发展。

（4）吸引外资及技术。改革开放之后很长时间里，我国实行的税收优惠政策主要目的之一就是吸引外商投资以及引进国外先进技术，因此实施了相关的涉外税收优惠政策，对外商投资企业和外国企业实施税种以及税率优惠等政策。随着社会经济的发展以及出于遵循国际惯例，近年来涉外税收优惠政策已经逐渐取消。

总体来看，我国税收优惠政策的实施一直是侧重于其经济政策功能的发挥，从我国未来经济和社会发展走势看，税收优惠政策也有必要进行转型，即从偏重发挥经济政策功能转向更多地发挥社会政策功能。

二、税收优惠政策的现状分析

（一）税收优惠政策的总量规模

据不完全统计，截至2014年9月，财税字文件超过300份，税收优惠政策条款超过1000项（孙岩岩，2015）；从政策制定主体上看，全国人大、国务院、财政部、国家税务总局、各省级政府等都制定了相关性的政策文件。

（二）税收优惠政策分布结构及其分类

税收优惠政策主要包括减免税、税收先征后返政策。其中减免税是指直接或间接减免纳税人或课税对象的税收，包括减税、免税、优惠税率、延期纳税、税额抵扣、加速折旧、亏损弥补、即征即退、以税还贷、起征点优惠、免征额优惠、税收停征等实际免除或减轻纳税人和课税对象税收负担的鼓励性和照顾性规定。先征后返是指对税法规定缴纳的税款，先由税务机关征收入库后，再由财政部门给予部分或全部返还。

（1）分税种税收优惠政策。现行的18个税种，几乎每个税种的法律法规中都有相应的税收优惠条款，并由此延伸出更多的地方优惠政策。如企业所得税，单是企业所得税法规定的优惠政策就有十多条，除此以外，企业所得税法第36条还明文规定国务院可以制定企业所得税专项优惠政策，由此派生出分别涉及不同区域和产品的几十条专项税收优惠政策。

（2）分区域税收优惠政策。为了促进区域经济的发展，我国先后在沿海城市特区以及新区发展、西部地区大开发、振兴东北老工业基地、中部地区崛起等过程中实施了包括增值税、企业所得税、资源税等方面的区域性税收优惠政策，以及实施上海自由贸易试验区税收政策、中关村产业园和苏州工业园区税收政策等，在发展区域经济、调整产业结构等发挥了一定的促进作用。

（3）分产业行业税收优惠政策。主要是指产业及行业性的税收优惠政策，对企业从事农林牧渔业项目、环境保护和节能节水项目、资源综合利用、技术先进型服务外包等国家鼓励发展的产业给予减免税优惠。如国家税务总局公告2014年第64号（国家税务总局关于固定资产加速折旧税收政策有关问题的公告），对生物药品制造业，专用设备制造业，铁路、船舶、航空航天和其他运输设备制造业，计算机、通信和其他电子设备制造业，仪器仪表制造业，信息传输、软件和信息技术服务业等行业企业允许符合条件的固定资产加速折旧。

（4）分企业规模性税收优惠政策：主要体现在对中小微企业的税收优惠政策规定。目前税法对小型微利企业的税收优惠政策主要体现在企业所得税中。一个主要规定是对符合条件的小型微利企业减按20%的税率征收企业所得税，为进一步加大对小微企业的扶持力度，根据财税2015年99号文件，自2015年10月1日起至2017年12月31日，对年应纳税所得额在20万元到30万元（含30万元）之间的小型微利企业，其所得减按50%计入应纳税所得额，按20%的税率缴纳企业所得税。为鼓励金融机构对小微企业提供金融支持，对金融机构与小型微型企业签订的借款合同在规定期限内免征印花税等。另外，现行税法中有大量税收优惠政策，虽然没有明确专门针对小微企业，但实际受益主体仍是小微企业。

以上所述四种税收优惠政策属于本文所讨论的“显性”税收优惠政策，即在税法以及各类税收法规、规章中由中央统一出台的优惠政策，对这类税收优惠政策，主要是涉及如何进行“规范”并根据实际情况的变化进行适当“清理”的问题。

（5）地方政府自行制定的税收优惠政策。属于本文所讨论的“隐性”税收优惠政策，或者可以称为“违规”政策，即指一些省、市、县地方政府在无法直接出台税收优惠政策的情况下，为了刺激地方经济发展而采取的一些超越权限、变相的税收优惠措施，如擅自制定的税收优惠政策、擅自延长税收优惠政策执行期限、放款优惠政策限制条件、改变税收征管方式以及罗列政策不规范、实施一些不符合国家政策规定的地方税收返还等。由于“隐性”税收优惠政策涉及地区广，涉及内容比较繁杂，因此属于本次政策“清理”的重点和难点。

三、税收优惠政策存在的主要问题分析

（一）偏离国际惯例

近年来经济合作与发展组织（OECD组织）和欧盟国家明确提出要坚

持税收中性，限制或尽量减少税收优惠，以防范和消除有害税收竞争。尤其是在经济全球化和国际贸易蓬勃发展的今天，一个国家的税收优惠政策，不仅关系到本国的经济利益，而且也越来越紧密地关系到有关国家的经济利益。因此需要正确引导我国税收优惠政策选择，在市场经济和世界贸易组织规则允许的范围内，既维护企业的合法权益和我国的正当经济利益，促进经济发展，提高国际竞争力，又尽量避免和减少国际税收争端。

（二）引发地区税收竞争

国发〔2014〕62号文件指出："一些税收等优惠政策扰乱了市场秩序，影响国家宏观调控政策效果，甚至可能违反我国对外承诺，引发国际贸易摩擦。"地方政府出台的各类区域性税收优惠政策，成为地方政府从事税收竞争（特别是不正当税收竞争）的主要工具。区域税收优惠政策过多，形成了多种"政策洼地"，打破了税收均衡，人为诱使要素低效流入某些区域，进而阻碍了区域经济在公平竞争基础上的协调发展。各地为吸引投资，纷纷在税收、土地上大做文章，出台一系列优惠政策，制造所谓的"政策洼地"效应。不正当税收竞争如同我国《反不正当竞争法》规定的商业领域不正当竞争一样，损害了社会整体利益，因此必须予以清理、整顿和规范。而其中地方政府的不正当税收竞争应为清理规范的重点。

（三）扭曲资源配置，影响税收收入

税收优惠政策过多过滥，必然会侵蚀税基，影响和削弱税收组织收入的功能。税收优惠政策实际上是对市场资源配置的一种扭曲，地方政府以税收优惠政策吸引企业投资，对于某些引进的项目不论是否符合产业政策、有无市场前景，都给予其大规模的税收优惠，企业所得税减免期延长、个人所得税返还、增值税与营业税收入地方留成部分的返还等，而收入减少、地方债规模增加、地方政绩的需要，又对其他企业尤其是中小企业加重税费负担，使对中小企业的税收优惠难以真正落实；对于企业来说，如果把过多的精力放在争取税收优惠政策上，就会忽略对企业技术、产品、质量、以及产业升级换代的提升和培育，不利于国家产业竞争力的提升。

（四）整体上税收优惠的法律级次低

我国目前税收法制建设还比较薄弱，没有专门的《税收优惠条例》，税收优惠规定大约有 1000 多项都散见于各个单行税种税制中，其中只有企业所得税、个人所得税、车船税等三个税种是以法律形式出台的，其他税种多是以暂行条例的形式出台，大多数以规范性文件、解释、补充通知等形式出台的政策，法律级次比较低，政策制定缺乏法制性、规范性和稳定性。层次低导致政策制定综合协调不够，效应叠加和冲突抵消。另外，现行税收优惠政策没有税式支出预算，缺乏相应的制约制度和效应评价。①

四、清理规范税收优惠政策的必要性

（一）法治化建设所必需

税收优惠政策制定法治化是成熟市场经济的重要标志。十八届四中全会全面提出推进依法治国，2015 年国家税务总局出台了《关于全面推进依法治税的指导意见》，要求加速推动实现税收法治化，促进税收现代化。泛滥的优惠政策恶化投资环境，破坏统一公平的市场竞争秩序。在此背景下，清理规范税收优惠政策将从根本上解决税收优惠特别是区域税收优惠过多过滥问题，有利于形成公平竞争的良好市场环境，改变政出多门的现状，维护市场统一，真正发挥市场在资源配置中的决定性作用。“有利于深化财税体制改革，推进依法行政，科学理财，建立全面规范、公开透明的预算制度。”

（二）市场经济发展所必需

在市场经济体制下，微观主体主要通过价格、税收等信号做出资源配置的判断，过多过滥的税收优惠会诱导资源为寻求优惠而向低效率的部门流动，扰乱市场秩序，不利于市场经济发展。清理规范税收优惠将“有利于维护公平的市场竞争环境，促进形成全国统一的市场体系，发挥市场在资源

---

① 张卿，朱志刚. 清理规范税收优惠需要关注五个问题. 中国税务报，2015－3－27.

配置中的决定性作用”。激发企业自身发展潜力，使企业尤其是一些上市公司摆脱依赖国家优惠政策而发展的心理，进而推动企业转型升级。政府不过多影响资源配置和自由流动，不干预微观企业的运行，但同时也要更好地发挥政府应有的职能作用，提供有利于各类市场主体公平稳定发展的良好环境。

（三）防范税收执法风险所必需

税收执法风险是税务机关及其工作人员在贯彻执行税收法律法规的行政行为过程中，行为与行政法规规范发生偏差所承担的风险。其产生原因之一是由于税收执法依据的问题，如执法依据效力低，基层税务机关依据内部文件进行税收执法存在风险隐患；如规范性文件频繁修订、税收规范授权不足或者缺乏操作性、各种税收优惠政策过多过滥等，税收优惠种类繁多、形式各异、效应不同导致税制变得复杂，很大程度上会增加征管各环节和审批操作的困难，不利于税收征管和纳税遵从，也因此增加了税务机关的执法风险。所以清理规范税收优惠政策“有利于严肃财经纪律，预防和惩治腐败，维护正常的收入分配秩序”，防范税收执法风险。

五、税收优惠政策清理规范的实施路径

（一）加快税收立法，增强政策的有效性

改革开放以来，中央政府曾多次提出规范减免税和税收优惠。尤其是在20世纪90年代之后，于1994年税制改革、1998年（国发〔1998〕4号）文件、2000年（国发〔2000〕2号文件）、2008年《企业所得税法》等都对税收优惠政策进行了强调与规范，同时以相应的税收法律责任追究作为保障机制，如《税收征收管理法》第三条和第八十四条的规定。中央政府以及国务院多次就规范税收优惠问题发文强调，说明滥用税收优惠政策问题的存在比较明显甚至非常严重，究其原因，法律规定单一且不够详细是主因，因此，十八届三中全会提出的“税收优惠政策统一由专门税收法律法规规定，清理规范税收优惠政策，”是以往历次的政策决议中从没有提及的一个新举措。税收优惠政策的法律化以及系统化是清理规范税收优惠政策的必要

路径，符合国家“依法治税”的发展思路。

税收法定原则体现了现代国家民主、法治的理念。应该按照税收法定原则加强对税收优惠政策的规范管理，中央在各地清理规范税收优惠政策的基础上，制定税收优惠的管理条例。通过制定《税收优惠条例》，规定税收优惠的设定主体、设定范围、设定区域、设定方式、实施程序等，使税收优惠政策更加细化，具有可操作性。把部分有利于总体发展的税收优惠转换为一般条款，使所有符合条件的纳税人利益均沾，取消那些阶段性刺激意图明显、与税制改革方向相悖、实施的经济环境与社会背景已经发生较大变化、实际实施中效果不好、征管成本比较高的税收优惠政策，规范那些与世贸规则不衔接、立法层级不高的优惠政策。当然，也可根据未来经济和社会发展需要，考虑在《税收优惠条例》中有针对性地出台新的税收优惠政策。而其他法律、法规和政府规范性文件以及各类产业发展规划和区域性政策中，均不得出台税收优惠政策，以切实维护税收政策的统一性和严肃性。坚持税收优惠制度全国统一，可以确保要素在全国范围内流动面临同等税制条件，为各类纳税主体创造公平统一的竞争环境。

（二）推进税制改革，增强政策的一致性

通过税制改革尽量以稳定的制度机制取代现存的临时性、过渡性的政策安排。加大对规章、地方性法规出台的审核力度，对各地擅自出台的税收优惠政策及时清理，对过期文件及时废止。通过深化税制改革和税收法治化来逐步清理规范税收优惠政策，最终实现区域间的税收公平，进而诱导要素按效率高低分别流入不同区域。建立税收优惠政策长效管理机制，包括建立评估和退出机制很有必要，清理规范不是要完全取消，既要取消过期、效果不好的优惠政策，又要推广效果明显的优惠政策。国家统一制定的税收优惠政策，包括大力发展高新技术、培育新兴产业、积极支持小微企业加快发展的税收优惠政策，今后应当不折不扣地继续执行。为了不增加实体经济的负担，在取消各种不合理税收优惠政策的同时，要结合税制改革契机，适当下调相关税种的税率水平。

通过税制改革合理设计各税种的税收优惠内容并优化优惠方式，更多地以间接优惠方式替代直接优惠方式。纵观各国政府的税收优惠政策，按照减免性质可以分为税额式减免和税基式减免，税额式减免包括税收豁免、优惠税率、免税期、延期纳税和优惠退税（出口退税和再投资退税）等，偏重于利益的直接让渡，强调事后优惠，税收引导和控制能力强，属于直接优

惠，但更多的是鼓励短期投资，一般应用于社会发展初期和经济萧条期；税基式减免包括加速折旧、投资抵免、盈亏互抵以及纳税扣除等，强调事前的优惠，属于间接税收优惠，偏重于引导企业发展方向，鼓励长期投资。在实践中，美日等发达国家大多采取税基式的间接优惠方式，是实现促进研发、就业并鼓励外部投资等目标的重要载体。

（三）实施税式支出预算，增强政策透明性

西方学者把税式支出含义界定为：在现行税制结构不变的条件下，国家对于某些纳税人或其特定经济行为，实行照顾或激励性的区别对待，给予不同的税收减免等优惠待遇而形成的支出或放弃的收入。我国在20世纪80年代后期引入国外税式支出理论，但是在1993年国务院提出加强宏观调控、严格控制减免税以后，税式支出的讨论没有更大的发展，不过多年来我国的税收实践中一直实施税收优惠政策。税式支出由税收优惠发展而来，税收优惠实际上是财政的税式支出，需要通过税式支出预算管理来加强对税收优惠政策的管理和应用。税式支出涉及了公众的财产权，在具体实施过程中应该严格遵守法律规定。现在不少国家每年不仅有年度的财政预算，而且还编制税式支出预算，这样就能全面把握财政活动的各个方面。我国要适应社会主义市场经济体制下公共财政建设和融入世界经济全球化的迫切要求，建立符合国情的税式支出制度，将税式支出纳入国家预算，提交人大进行讨论和审议，以《预算法》进行硬性约束，接受监督评估，通过有效的绩效评价和考核机制对税式支出进行全程追踪，提高财政预算的透明度。

（四）创新财政扶持方式，提升地方公共服务水平

对产业发展的引导方式，政府正将过去主要通过税收优惠政策等的扶持方式，转变为产业引导基金投资的扶持方式，积极构建综合产业政策扶持体系，目前国家及地方层面都已经在操作。2015年1月14日国务院总理李克强主持召开国务院常务会议，决定设立国家新兴产业创业投资引导基金，助力创业创新和产业升级。根据会议精神，将中央财政战略性新兴产业发展专项资金、中央基建投资资金等合并使用，盘活存量，发挥政府资金杠杆作用，吸引有实力的企业、大型金融机构等社会、民间资本参与，形成总规模400亿元的新兴产业创投引导基金。基金实行市场化运作、专业化管理，公开招标择优选定若干家基金管理公司负责运营、自主

投资决策。为突出投资重点，新兴产业创投基金以参股方式与地方或行业龙头企业相关基金合作，主要投向新兴产业早中期、初创期创新型企业。依据《浙江省人民政府关于创新财政支持经济发展方式加快设立政府产业基金的意见》，从2015年开始，浙江省财政设立初期规模100亿元的浙江省转型升级产业基金。

此外，对地方政府而言，转变政府职能，用服务“软环境”助推地方经济发展是清理规范税收优惠政策后的转型路径。在明确地方政府的事权和支出责任基础上，地方相关部门要协调配合、共同应对，积极创新公共服务理念，切实提高政府的公共服务水平。

参考文献

[1] 刘剑文，马琳. 清理税收优惠政策的法律路径. 中国税务报，2014-3-5.

[2] 程淑娟. 加强税收优惠政策管理初探. 商情，2011（22）.

[3] 何旭. 中国税收优惠政策的法律化转型. 湘潭大学，2014年硕士学位论文.

[4] 杰弗里·欧文斯，张春雨. 税收竞争：欢迎还是反对？（上，下）. 国际税收，2014（9-10）.

[5] 邓力平. 国际税收竞争模型构建评析. 税务研究，2008（12）.

[6] 熊伟. 法治视野下清理规范税收优惠政策研究. 中国法学，2014（12）.

[7] 白景明. 如何看待清理规范税收优惠政策. 中国税务报，2014-1-27.

[8] 邢会强. 税收优惠政策之法律编纂——清理规范税收优惠政策的法律解读. 税务研究，2014（3）.

[9]《区域税收优惠政策取向研究》课题组. 中国税收政策前沿问题研究（第七辑）. 中国税务出版社，2012.

[10] 白彦峰，王凯. 我国税制改革的人本取向问题研究. 地方财政研究，2014（5）.

[11] 王霞. 税收优惠法律制度研究——以法律的规范性及正当性为视角. 法律出版社，2012.

[12] 贾康，梁季. 区域性税收优惠政策的优化调减势在必行. 中国财经信息资料，2014（6）.

[13] 张守文. 税法原理，北京大学出版社，2013.

[14] 周丽珠. 清理规范税收等优惠政策的几点思考. 财会研究，2015-6-10.

论我国近期不易开征遗产税

徐淑怡[①] 郁 晓[②]

摘 要 遗产税作为缩小贫富差距的第三道“防线”（第一道是个人所得税，第二道是房产税），广泛地被大多数国家所运用。近几年对于我国是否开征遗产税，展开了广泛热烈的讨论。大多数学者从缩小贫富差距，促进社会公平，促进公益事业发展，维护我国税收权益，完善税制等角度来阐述我国开征遗产税的必要性。开征遗产税是必要的，但是否可行呢？本文认为遗产税的开征是必要的，但考虑到文化方面的障碍，征管技术水平的落后，对经济的负面影响，缩小贫富差距的效应差等问题，因此我国近期不易开征遗产税。

关键词 文化 征管水平 经济发展 社会公平

遗产税是一个国家或地区对死者留下的遗产征税，国外又称为“死亡税”。征收遗产税的初衷是通过对遗产和赠与财产的调节，防止贫富过分悬殊。近几年，我国贫富差距较大，基尼系数维持在 0.47 左右，超过了国际警戒线 0.4，需要遗产税来缓解贫富差距，促进社会公平。在 2004 年的时候就出台了遗产税的草案。但由于一些原因，遗产税未能开征。但关于遗产税的讨论并没有停止。本文在其他学者的思想基础上，从文化、征管技术、经济、缩小贫富差距的效应四个方面来阐述我国近期不易开征遗产税的原因。

一、文献综述

对于是否开征遗产税，何时开征遗产税一直是学术界近几年讨论的热点

---

① ［作者简介］徐淑怡，浙江财经大学财政与公共管理学院硕士研究生。

② ［作者简介］郁晓，浙江财经大学东方学院副教授。

问题。

一些学者支持开征遗产税，王育霞（2011）认为我国应当尽早开征遗产税，使其为国家经济改革与发展、政治社会稳定发挥积极的作用[①]；杨盛军（2011）认为个人所得税与消费税的税制模式限制了它们在税收正义上的效力，故有必要开征更具社会公平价值的遗产税，并且目前的经济发展水平、政治环境与道德水平以及法律环境为遗产税的开征提供了可能性[②]；刘荣、刘植才（2013）运用发展经济学理论，论述了现阶段我国开征遗产税的必要性、可行性及应消除的疑虑，指出开征遗产税是我国经济社会发展的历史选择[③]。

另一些学者反对开征遗产税，彭飞、康丽丽（2003）认为在我国现阶段，遗产税不能够显著地增加财政收入，也无法有效地缩小贫富差距[④]；李成（2004）通过对我国民营企业所有者的年龄结构状况，民营企业所有者潜在财产[⑤]的使用情况，民营企业的实际税收负担三个方面进行分析，指出我国现阶段不宜开征房产税；谢百三、刘芬（2014年）通过对我国国情的分析，指出在我国经济尚不稳定，股票、房产等资产价格还处于大幅波动之中，财产登记制也尚未实行的情况下，不宜开征遗产税[⑥]；孙成军（2014年）认为，在当前全球化和遗产税改革大背景下，开征遗产税将对我国经济和社会发展产生诸多负面影响，现阶段开征的条件尚不具备，开征时机也不成熟[⑦]。

还有一部分学者认为，在满足一定条件下，可以开征遗产税。沈铁蕾（2012）基于香港2006年遗产税改革政策背景，运用计量分析方法研究遗产税对家族企业投资决策的影响。研究发现，遗产税会对家族企业投资产生负激励效应但并不显著，并非家族企业主投资决策因素中最优先考量的变量。认为在逐步完善遗产税开征的法律环境和征管基础可适时推出并开征遗

① 王育霞．关于我国开征遗产税的探讨［J］．财会月刊，2011（24）：40－42．

② 杨盛军．中国当前开征遗产税的必要性与可能性——以税收正义为视角［J］．经济与管理，2011（6）：67－72．

③ 刘荣，刘植才．开征遗产税——我国经济社会发展的历史选择［J］．税务研究，2013（3）：34－39．

④ 彭飞，康丽丽．我国应审慎开征遗产税［J］．涉外税务，2003（5）：17－20．

⑤ 李成．从我国民营企业现状看遗产税开征的可行性［J］．财经科学，2004（1）：46－48．

⑥ 谢百三，刘芬．再论中国近期不宜开征遗产税［J］．价格理论与实践，2014（2）：38－41．

⑦ 孙成军．当前我国开征遗产税不具可行性［J］．山东社会科学，2014（1）：188－192．

产税[①]；高凤勤、王朝才、王志伟（2015）在总结了经济合作与发展组织（OECD）和"金砖"国家征收遗产税方面的经验后，认为遗产税是调节贫富差距不可或缺的手段，可考虑在房地产税，个人所得税改革后开征遗产税[②]。

二、文化障碍

（一）"子承父业"是文化传统

中国传统文化是以家庭、家族为核心的家国同构的模式，绝大多数中国人认为，财富是世代相传的，守住并壮大家族产业成了多数人的守财观念[③]。

我国传统文化注重"香火延续"，认为"子承父业"，天经地义。对父母而言，子女可以说是自己生命的延续，绝大多数父母出于本能希望子女过得幸福。为达到这一目的，父母可能会无私地将自己毕生积累的财富以遗产的方式留给子女，从而保障子女的福利。按照经济学理论，父母的福利由自身的消费和子女的消费共同构成[④]。征收遗产税后，使子女的福利减少，进而导致父母福利减少，这是他们所不希望的。

中国有一种"圈子文化"将人按亲疏关系进行排列。对于关系亲密的人非常信任，对于陌生人有强烈的不信任感，形成了"熟人好办事"的不良思想，"任人唯亲"是现在社会普遍的一种现象，而不是"能者居上"。对于私营企业主来说，自己的孩子是他们最信任的人，理所当然地会将自己的事业留给下一代，所以他们不希望自己留给后代的遗产被国家拿走一部分。

---

① 沈铁蕾．遗产税、家族企业与劳动决策——基于香港上市家族企业面板数据的实证研究［J］．财贸经济，2013（3）：32－43．

② 高凤勤，王朝才，王志伟．主要市场经济国家遗产税经验及其启示［J］．财政研究，2015（8）：98－102．

③ 邵龙宝，陈东利．中西财富观与慈善伦理［J］．陕西师范大学学报（哲学社会科学版），2013（2）：64－71．

④ 项有义，漆亮亮．基于遗赠动机视角的遗产税经济分析［J］．税务研究，2011（3）：54－56．

（二）财不外露的文化传统

“财不外露，树大招风”是根深蒂固的传统思想。中国人普遍有“藏富”心理，老一辈的创业者不希望自己的财富被社会大众所知道。会顾虑政府、媒体等反应。担心被社会知道自己的财富情况后，带来社会责任、税收、人身安全等方面的麻烦[①]。所以他们会千方百计地隐藏自己的财富。“财不外露”的思想使税务机关较难掌握公民真实的财产情况。

（三）将工作视为谋生手段

中华民族应该算是世界上相对勤劳的民族，为了“车子”“房子”“票子”努力地工作着，希望自己和后代生活得更好。大部分人将工作视为一种谋生手段，将金钱视为安身立命之本，享受的是获得财富后的快乐，而很难从工作中获得快乐和成就感，所以将钱看得比较重，不希望自己辛苦一辈子赚取的财富被征税。在西方，他们更多的是享受获得财富过程中的快乐，获得财富是为了显示自己的能力和社会地位，不太在乎钱的多少，相比中国，可能比较容易接受遗产税。

三、技术障碍

（一）公民死亡管理制度的缺失

遗产税是指一个国家或地区对死者留下的遗产征税。所以“死亡”是征税的前提。我国死亡报告是由公安部门进行管理的，死者家属或监护人到公安部门进行报告，公安部门负责注销户口。所以一旦死者家属或监护人没有到公安部门进行报告，那么公安部门就无法掌握死者信息。并且也没有对未报告或按时报告的行为制定相应的处罚措施，报告义务人的违约成本为零，这可能导致死亡管理制度形同虚设。

---

① 郭月梅，杨慧芳．文化视角下我国开征遗产税的困境与突破［J］．财政研究，2011（11）：51－54．

（二）财产登记制度和个人收入申报制度的缺失

了解公民真实的财产情况是税务部门征税的前提。如果没有了解真实的财产情况，可能会导致纳税人之间税负的不公平。我国目前已经实施了房屋、土地、车辆的实名登记制度，但对于股票、债券、文物等财产并没有实行实名登记制度，所以还有很大的改善空间。

再者，即使对各种财产实行了财产登记制度，但财产登记都是由不同的部门进行登记的，如房屋由住建部门管理，土地是由国土部门管理。各部门之间信息的不连通，不共享也不利于税务部门掌握公民的财产信息。

个人收入申报制度是建立在个人所得税改革的基础上的，但到目前为止迟迟未出台有关的个人所得税改革政策。而遗产税作为个人所得税的一个有益补充，如果个人所得税的制度都没有完善，何谈有一个完善的遗产税制度呢?

（三）财产评估制度的缺失

在了解了死者真实的财产情况后，要做的就是如何公平合理地评估死者的财产价值。是税务部门自己组建评估部门，还是与社会上的评估机构合作，评估的程序和方法如何，这些均还没有定论。

可以看出我国现在的征管技术还没有达到征收遗产税所需要的水平。如果盲目开征遗产税不仅会导致税款的流失，而且会增加征管成本，得不偿失。

四、开征遗产税不利于经济的发展

（一）不利于企业的发展

根据工商总局《2015年4月全国市场主体发展报告》显示，截至2015年4月底，全国实有各类市场主体7204.6万户，私营企业1653.8万户，个体工商户5139.8万户。我国私营企业和个体工商户占到市场主体的94.3%

左右[①]。这些企业主将是潜在的遗产税税负人，未来对这些企业主征遗产税，可能会挫伤他们投资，发展壮大企业的积极性。他们可能会转向消费，进而导致畸形消费，形成奢靡之风。

对于企业继承者来说，因为需要支付巨额遗产税，可能需要向银行借款、变卖资产等。据美国独立商业联合会的统计，大约有1/3的小企业主不得不全部或部分出售企业来缴纳遗产税，70%的家庭企业主不能将企业传给下一代，近64%的企业和96%的制造企业反映遗产税是企业生存的威胁和长期发展的障碍[②]。征收遗产税导致资金的短缺，使继承者无法持续经营，不利于民营企业焕发活力。

私营企业和个体工商户又是吸纳就业的主要力量，根据国家工商总局“个体私营经济与就业关系研究”课题组对外发布的《中国个体私营经济与就业关系研究报告》显示，截至今年9月底，全国7000余万家个体工商户、私营企业吸纳就业2.73亿人，吸纳全国就业人口三分之一以上，城镇就业人口四成以上[③]。而征收遗产税可能遏制企业主继续创造财富，积累财富的动力或导致下一代无法持续经营企业，又会导致一部分员工失业，提高社会失业率，不利于社会的稳定和经济的发展。

（二）导致资金外流

我国第一代富豪是从20世纪80年代开始发家的，从表1可以看出，民营企业家的年龄主要在50岁左右，距离他们死亡估计还要20多年，作为潜在的遗产税税负人，他们有足够多的时间将财产转移到海外避税区。并且近年来，一些国家和地区纷纷改革遗产税，提高起征点，降低边际税率，甚至取消遗产税，无一不是出于吸引投资、提升国家（地区）竞争力的考虑，并且有的已经取得了明显成效，如香港特别行政区就于2006年取消遗产税，2007年其财政盈余就达到了近5倍于最初目标的创纪录水平。在国际上纷纷做出降低遗产税税负、我国投资环境没有改善的情况下，如果我国开征遗产税，可能会导致大量的资金不正常外流。

---

① 《2015年4月全国市场主体发展报告》，中华人民共和国国家工商行政管理总局，2015年10月30日，www.saic.gov.cn.

② 杨盛军.中国当前开征遗产税的必要性与可能性——以税收正义为视角［J］.经济与管理，2011（6）：67-72.

③ 《中国个体私营经济与就业关系研究报告》，中华人民共和国国家工商行政管理总局，2015年5月20日，www.saic.gov.cn.

表1　　2015年胡润百富榜前13名

排名	净资产（亿元）	人名	年龄
1	2200	王健林	61
2	1450	马云家族	51
3	1350	宗庆后家族	70
4	1200	马化腾	44
5	920	雷军	46
6	910	严昊父子	29
7	850	李彦宏	47
8	830	卢志强	63
9	810	张近东	52
10	650	鲁冠球家族	69
10	650	严彬	61
12	630	李河君	48
13	600	何享健家族	73

资料来源：胡润百富榜网站。

（三）导致人才外流

根据《2011年中国私人财富管理白皮书》显示，在中国可投资资产超过1000万元以上的高净值人群中，14%的人已经移民或申请中，另有46%的人有移民的打算，可见高净值人群的移民意向很高。表2、表3显示我国的千万元、亿万元富豪的人数均在逐年递增。如果征收遗产税，而我国的投资环境没有改善的话，可能会导致更多的高净值人群移居海外。这对我国经济的发展，国家综合实力的提升都极其不利。

表2　　中国亿万富豪数量及增长率

年份	数　量	增长率（%）
2010	55000	7.80
2011	60000	9.10

续表

年份	数 量	增长率（%）
2012	63500	5.80
2013	64500	1.60
2014	67000	3.90
2015	78000	16.00

资料来源：胡润研究院。

表3　　　　中国千万富豪数量及增长率

年份	数 量	增长率（%）
2010	875000	6.10
2011	960000	9.70
2012	1020000	6.30
2013	1050000	2.50
2014	1090000	3.80
2015	1210000	11.00

资料来源：胡润研究院。

五、开征遗产税对促进社会公平的效果不明显

支持开征遗产税的主要原因就是促进社会公平，近几年我国基尼系数保持在4.7左右，远远超过了0.4的国际警戒线。贫富差距产生的原因是多方面的，初始分配不公是导致贫富差距的根源，如果这个问题不能解决，很难通过征收遗产税来解决社会不公平这个问题。

个人所得税、财产税、遗产税是缩小贫富差距，促进社会公平的三道“防线”。个人所得税主要是调节财富流量差距，是调节财富差距的第一道“防线”。房产税、土地增值税、车船税、契税主要是对人们拥有的各种存量财产进行调节，构成调节贫富差距的第二道“防线”；而遗产税则是对财富所有者死亡后遗留的财产所征收的一种税，又称“关门税”，从而形成调

节贫富差距的第三道“防线”[①]。

其第一、第二道“防线”是缩小贫富差距、促进社会公平的主要方式，由于遗产税的征税范围相对较窄，美国典型年度中遗产税收入仅是GDP的0.3%和家庭财富净值的0.1%，因而不可能对财富分配不公现象有重大修正作用，所以只能成为调节贫富差距的辅助税种。但现在我国个人所得税的税收收入占总税收收入的比重只有7%左右，并且采用分类课征制，不同收入使用不同税率，税负的累进效果差，导致缩小贫富差距的效应较差。我国现阶段房产税的征税范围较窄，只对经营性和出租的房产征收房产税，对于自有保有环节的住房还没开征房地产税。所以对于缩小贫富差距作用不明显。而遗产税的开征要以两个税种良好的征管制度为前提的，但我国财产登记制度、评估制度、个人收入申报制度等均未完善，何谈开征遗产税。并且在前两道“防线”都如此脆弱的情况下，遗产税如何能挑得起缩小贫富差距、促进社会公平的“大梁”。因此，当下政府应该做的是尽快完善个人所得税和房地产税制度，稳固好前两道“防线”，才能开征遗产税。

六、结　　论

开征遗产税不仅要考虑到它的必要性，也要考虑到它的可行性，从调节贫富差距、促进社会公平、完善税收制度、促进公益事业发展等角度来看，开征遗产税是非常有必要的。但是考虑到个人收入申报制度、财产登记制度的不完善，财产评估制度的缺失及文化上的障碍导致开征遗产税困难重重。即使文化、技术方面已没有障碍，但在我国投资环境不够好的情况下，盲目开征遗产税可能会阻碍中小企业发展，导致资金外流、人才流失等负面效应。最后，遗产税只有在个人所得税和房地产税两道主要“防线”完善后，才能真正发挥缩小贫富差距、促进社会公平的辅助作用。综上所述，我国近期不易开征遗产税。当前，政府应加快提高征管水平，完善个人所得税和房地产税制度，到时再择机选择开征遗产税亦不谓迟。

① 杨盛军．中国当前开征遗产税的必要性与可能性——以税收正义为视角［J］．经济与管理，2011（6）：67－72.

参考文献

[1] 王育霞. 关于我国开征遗产税的探讨 [J]. 财会月刊, 2011 (24): 40-42.

[2] 杨盛军. 中国当前开征遗产税的必要性与可能性——以税收正义为视角 [J]. 经济与管理, 2011 (6): 67-72.

[3] 刘荣, 刘植才. 开征遗产税——我国经济社会发展的历史选择 [J]. 税务研究, 2013 (3): 34-39.

[4] 彭飞, 康丽丽. 我国应审慎开征遗产税 [J]. 涉外税务, 2003 (5): 17-20.

[5] 李成. 从我国民营企业现状看遗产税开征的可行性 [J]. 财经科学, 2004 (1): 46-48.

[6] 谢百三, 刘芬. 再论中国近期不宜开征遗产税 [J]. 价格理论与实践, 2014 (2): 38-41.

[7] 孙成军. 当前我国开征遗产税不具可行性 [J]. 山东社会科学, 2014 (1): 188-192.

[8] 沈铁蕾. 遗产税、家族企业与劳动决策——基于香港上市家族企业面板数据的实证研究 [J]. 财贸经济, 2013 (3): 32-43.

[9] 高凤勤, 王朝才, 王志伟. 主要市场经济国家遗产税经验及其启示 [J]. 财政研究, 2015 (8): 98-102.

[10] 邵龙宝, 陈东利. 中西财富观与慈善伦理 [J]. 陕西师范大学学报 (哲学社会科学版), 2013 (2): 64-71.

[11] 项有义, 漆亮亮. 基于遗赠动机视角的遗产税经济分析 [J]. 税务研究, 2011 (3): 54-56.

[12] 郭月梅, 杨慧芳. 文化视角下我国开征遗产税的困境与突破 [J]. 财政研究, 2011 (11): 51-54.

[13] 苏建华. 西方国家遗产税理论与实践——兼论我国开征遗产税的合理性 [J]. 涉外税务, 2003 (4): 45-49.

[14] 高凤勤, 许可. 遗产税制度效应分析与我国的遗产税开征 [J]. 税务研究, 2013 (3): 40-42.

[15] 禹奎. 美国遗产税理论研究综览 [J]. 涉外税务, 2006 (7): 50-54.

[16] 蒋晓蕙, 张京萍. 我国应及时开征遗产税和赠与税 [J]. 税务研究, 2005 (5): 48-50.

电子商务的税收征管问题及其对策研究

——以海宁市为例[①]

蔡　丞[②]

摘　要　根据阿里研究中心发布的《2014 年中国县域电子商务发展指数报告（aEDI）》，海宁市县域电子商务发展水平全国排名第五，浙江省内排名第四，体现出海宁市在网络零售、跨境电商、商户数量、平台建设、园区建设、创新试点项目等方面的建设成效。与此同时，关于电子商务税收方面，还存在着认识误区与征管问题需要澄清及解决。研究发现，现行税制没有规定电子商务免税，O2O 团购网站并非不提供发票，电子商务企业的属地管辖并非存在争议；在征管方面，对于 C2C、小微 B2C 卖家的征管存在着一定的税收盲区，电子商务网络交易数据尚未得到征管部门的认可。为了海宁市电子商务的快速规范化发展，建议税务部门加强与网络平台的合作，通过电子商务平台的交易数据，加强对相关企业的管理，并逐步探索对网络电子交易数据的认可。

关键词　海宁　电子商务　税收

一、电子商务的概念及现状

电子商务的概念可划分为广义和狭义两种。广义的电子商务，只要商业事务活动中的某一环节应用电子手段，整个商业活动即属于电子商务活动。例如，在企业内部使用电子化生产经营管理系统，使用互联网在公司内部、供应商、客户及合作伙伴之间共享信息等。狭义的电子商务，是指主要在互

---

① ［基金项目］该文为海宁财政学会、国际税收研究会课题，“电子商务的税收征管问题及其对策的研究”的部分研究成果。

② ［作者简介］蔡丞，浙江财经大学东方学院教师。

联网上从事商务活动，从环节上看，只有商业活动的主要环节——交易的达成发生在网上，即买卖双方通过互联网实现交易活动，才属于电子商务。

按交易的主体与模式，一般分为以下几类：

企业对消费者（Business to Consumer，简记为 B to C 或 B2C）电子商务。B2C 方式是指企业机构与消费者之间进行的电子商务活动。在交易主体上，一面是企业，另一面是个人。

企业对企业（Business to Business，简记为 B to B 或 B2B）电子商务。B2B 方式是在企业之间进行的电子商务活动，它是企业间传统商务活动的延续。

消费者对消费者（Consumer to Consumer，简记为 C to C 或 C2C）电子商务。C2C 方式是个人主体之间的电子商务活动，个人通过网络服务商提供商的平台或交易程序，开展包括拍卖、竞价等方式的在线交易。①

线上对线下（Online To Offline，简记为 O2O）的电子商务，是指将线下的商务机会与互联网结合，让互联网成为线下交易的平台，这是近几年刚刚兴起的一种形式。不同于上述几种按交易主体进行的分类，O2O 的分类依据是线上与线下融合，即交易的一部分在线上，另一部分在线下完成。

本文研究的电子商务，特指通过网络平台、软件开展的网络销售、购买活动，即交易是通过网络达成的，包括 B2B、B2C、C2C、O2O 等模式。不包括网络视频、网络游戏等与网络相关的广告、娱乐等非交易性活动。

二、电子商务适用的现行税收政策

（一）对电子商务的税收征管的认识误区

1. 电子商务免税

由于对税制规定缺乏了解，税务部门也较少进行相关知识普及，部分消费者、电商从业者（个人网商），长期认为从事网上交易不用缴税，或者国

① 中国电子商务研究中心，浅谈电子商务的概念，http：//www.100ec.cn/detail－5615798.html，2011 年 1 月 18 日。

家对电子商务有免税政策。消费者在网络购物时由于不主动索要发票或拿不到发票，因而也认为网店是不需缴税的。

现实是，线上交易与线下一样，需要缴纳相应的税收。根据之前的定义，电子商务只是交易的某个或某些环节由传统方式改为通过电子方式在互联网上开展，其商业本质并未发生改变，所以在税收政策上无异于传统商业模式，一样适用现行税法。此外，也可从税收制度的公平性角度去理解。对于同样性质的商业行为及纳税人，税收制度需一视同仁，因此，并不会给予电子商务特殊的免税待遇。

2. O2O 团购网站偷逃税

伴随着 O2O 模式的兴起，团购作为 O2O 应用最广泛的一种商业形式，广为大众接受，消费者在团购消费时发现团购交易及费用支付发生在线上，但团购网站往往不直接提供发票，因而认为通过团购进行消费，商家偷逃税。实际上，美团、大众点评等团购网站都明确规定，虽然费用支付给团购网站，但是发票由商品或货物的提供方线下开具，开具的金额为消费者实际支付的团购价格，如果线下商户不肯开具发票，团购网站也可以提供技术服务发票。①

3. 地域管辖受到挑战

网店登记注册地点认定难。网店登记注册在网络平台，因而登记注册地会发生认定难题。其实不然，大型电子商务平台为了保证卖家资质，规避相应的税收问题，均规定了卖家入驻平台时需提供相应的工商登记证、税务登记证，即税务登记是企业入驻的前置条件。对于 C2C 个人卖家而言，只要月销售额未达 3 万元的起征点，按现行税法是免税的。

纳税地点认定难。电子商务交易发生于网络，因而难以认定其交易地点，从而无法确定纳税地点。对于自营电商如老百姓大药房网上药店等，只要商品是由电商平台直接销售给买家的，销售地点就认定为该电商平台企业所在地即海宁。对于平台电商如海皮城，平台本身提供的服务是展示、交易技术支持，海皮城的纳税地点为海皮城所在地。平台上的卖家是货物或服务的真正提供方，纳税地点为其卖家所在地。

---

① 美团网客服 400 - 660 - 5335 电话调查，大众点评在线客服，http：//kf. dianping. com/，在线调研，内容见附件。

（二）适用的税收政策

1. 货物的销售属于增值税的征税范围

按照《中华人民共和国增值税暂行条例》《中华人民共和国增值税暂行条例实施细则》及相关政策规定，电子商务卖家从事商品的销售属于增值税的征税范围，包括 C2C 个人卖家、B2C 及 B2B 的企业卖家均应按其销售额缴纳增值税。属于营改增试点范围的纳税人，即提供现代技术服务、交通运输服务等营改增行业征税范围的纳税人，目前改为征增值税。从事电子商务平台服务的平台企业按照取得的相关服务收入缴纳增值税，包括淘宝平台、天猫平台、团购网站等各类平台取得的相关收入，均应按其实际取得的服务收入缴纳增值税。

2. 劳务（服务）的提供属于营业税的征税范围

按照《中华人民共和国营业税暂行条例》及相关政策规定，提供的金融保险业、文化体育业、娱乐业、服务业收入属于营业税征税范围。包括互联网金融服务、O2O 各类线下餐饮、旅游、住宿、KTV 等服务均应按其实际服务收入缴纳营业税。

3. 企业、个人、平台均应缴纳所得税

按照《中华人民共和国企业所得税法》《中华人民共和国个人所得税法》及相关政策规定，无论企业还是个人，取得合法的收入均应缴纳所得税。

4. 税收优惠

依据《国家税务总局关于小微企业免征增值税和营业税有关问题的公告》月销售额或营业额不超过 3 万元（含 3 万元）的，免征增值税或营业税。依据财政部、国家税务总局《关于小型微利企业所得税优惠政策有关问题的通知》年应纳税所得额低于 10 万元（含 10 万元）的小型微利企业，其所得减按 50% 计入应纳税所得额，按 20% 的税率缴纳企业所得税。关于取得经营收入的个人卖家，个人所得税起征点的规定各地并不相同，部分地区生产经营所得起征点与增值税、营业税一致，部分地区未调整仍为 3500 元/月。

三、海宁市电子商务发展现状

（一）发展概况

根据阿里研究中心发布的《2014年中国县域电子商务发展指数报告（aEDI）》，海宁市全国县域排名第五，浙江省内排名第四，海宁市网商指数15.482，网购指数16.358，阿里巴巴电子商务发展指数15.920（见图1）。①

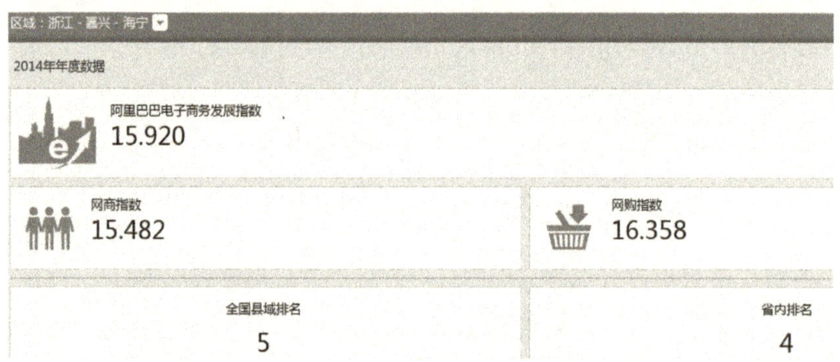

图1　海宁市2014年度阿里巴巴县域电子商务发展指数

资料来源：阿里研究中心，中国县域电商发展指数aEDI，http：//www.aliresearch.com/blog/article/detail/id/20431.html，2015年5月11日。

通过排名反映出的海宁市电子商务的快速发展，体现了海宁市政府近年电子商务建设的成效。近年来，海宁市深入贯彻省委省政府“四换”战略部署，将“电商换市”列入全市要素改革的内容，大力推进传统企业转型升级开展电子商务，积极推动电子商务快速、健康发展，海宁在网络零售、跨境电商、商户数量、平台建设、园区建设、创新试点项目等方面的发展迅猛（见图2）。

在网络零售方面，根据浙江省商务厅电子商务厅发布的统计数据，2015年1—9月海宁市网络零售额122.1万元，在全省共计90个县（市、区）中，排名第十位，在嘉兴地区排名第一（见图3）。②

① 阿里研究中心，中国县域电商发展指数aEDI，http：//www.aliresearch.com/blog/article/detail/id/20431.html，2015年5月11日。

② 浙江省商务厅，浙江省2015年1—9月网络零售统计数据，http：//www.zcom.gov.cn/art/2015/10/19/art_3881_195947.html，2015年10月19日。

浙江县（市、区）排名 单位：亿元

排名	属地	县（市、区）	网络零售
1	金华	义乌市	473.63
2	杭州	江干区	310.42
3	杭州	西湖区	297.37
4	杭州	滨江区	234.17
5	杭州	萧山区	188.13
6	金华	永康市	183.51
7	杭州	余杭区	172.62
8	杭州	拱墅区	132.05
9	杭州	下城区	124.08
10	嘉兴	海宁市	122.10

图2　2015年浙江省1—9月网络零售前十名统计数据

资料来源：浙江省商务厅，浙江省2015年1—9月网络零售统计数据，http：//www.zcom.gov.cn/art/2015/10/19/art_3881_195947.html，2015年10月19日。

嘉兴县（市、区）排名 单位：亿元

排名	属地	县（市、区）	网络零售
1	嘉兴	海宁市	122.10
2	嘉兴	桐乡市	97.94
3	嘉兴	南湖区	97.69
4	嘉兴	秀洲区	74.77
5	嘉兴	嘉善县	37.86
6	嘉兴	平湖市	21.19
7	嘉兴	海盐县	10.50

图3　2015年嘉兴市1—9月网络零售统计数据及排名

资料来源：浙江省商务厅，浙江省2015年1—9月网络零售统计数据，http：//www.zcom.gov.cn/art/2015/10/19/art_3881_195947.html，2015年10月19日。

在跨境电商方面，截至2015年7月，海宁从事跨境电子商务的主体约

为80家。其中，从事跨境B2C的网商50多家，跨境B2B的生产企业30多家。据统计，海宁跨境邮包总量为60万单。其中，邮政小包为50万单，邮政速递为10万单。

在电子商务企业、网商数量方面，截至2014年，海宁市从事电子商务相关企业近2000家，从事电子商务的网商2万家以上。仅2014年，海宁市工商注册新增电子商务主体344家，天猫店总数近900个，占嘉兴天猫店总量近四成。①

在平台建设方面，2015年10月20日，海宁首个农产品电子商务平台“海宁农城”正式上线。自建第三方平台如“海皮城”入驻商户不断增多，已入驻经营户250家，其中，线上经营企业110家，O2O加盟商户100多家。同时，销售规模不断扩大，截至2015年3月底，已累计实现销售额约500万元。同时，线上产品类目不断完善，营销方式不断创新，智慧市场、O2O已在开始落实，移动电商开始布局。

在电商园区（楼宇）建设方面，截至2013年，海宁市已有和拟建的电子商务园区（楼宇）6个，其中，电商园区4个，电商楼宇2幢。海宁皮革城网商大厦自正式投入运营以来，已有76家网商企业入驻。2013年，网商大厦内企业实现物流发货量38.26万件，按每件网上价格测算，成交额超过6亿元。马桥经编园区已将经编总部商城定位为电子商务楼宇，加大力度开展电子商务招商，已入驻电子商务企业10多家。与此同时，总投资3亿元的斜桥盛天电子商务园一期工程也于2015年11月投入运营。按照“总部经济加境外窗口市场模式”，盛天电商园将打造中国生产斜桥销售的集电子商务、现代办公、商业策划、休闲娱乐等多方位服务配套的现代化电商园区。现已和5家企业签署入驻意向书。②

在创新试点项目方面，海宁皮革城O2O和海宁老百姓大药房网上药店医保在线支付项目成功列入首批浙江省级电子商务创新试点项目。③

（二）电子商务产业结构

海宁市拥有非常强的产业基础，在电子商务产业链中处于上游，是特色

① 余延青，李迪刚．海宁电商助力经济转型发展．嘉兴日报，2015－7－8．

② 海宁市商务局，2014年一季度海宁市电子商务运行情况分析，http：//www.hnsswj.gov.cn/file_news_read.asp？id＝6315，2014年5月14日．

③ 浙江省商务厅，浙江省商务厅关于公布首批省级电子商务创新试点项目的通知，http：//www.zcom.gov.cn/art/2015/10/22/art_871_196506.html，2015－10－22．

产品的原产地。产品品类主要集中于皮革、经编、家纺等服装轻工产品，这些品类是海宁市的三大传统支柱产业、强势品类。海宁当地的生产企业与经销商户通过现有的电商平台与软件，把海宁的轻工产品销往全国乃至世界各地，同时把海宁的城市名片打到各地。

根据阿里研究中心发布的《2014 年中国县域电子商务发展指数报告（aEDI）》，在电子商务百佳县特色产业集群中，海宁市的特色产业为皮草。① 海宁市电商企业销售的产品品类主要有皮草、经编、家纺、电光源、太阳能、服装、家具、食品和无公害农产品等消费品。来自淘宝指数的数据指出，淘宝平台海宁的主要销售类目非常集中，聚焦于皮革、经编、家纺等轻工产品（见图 4）。②

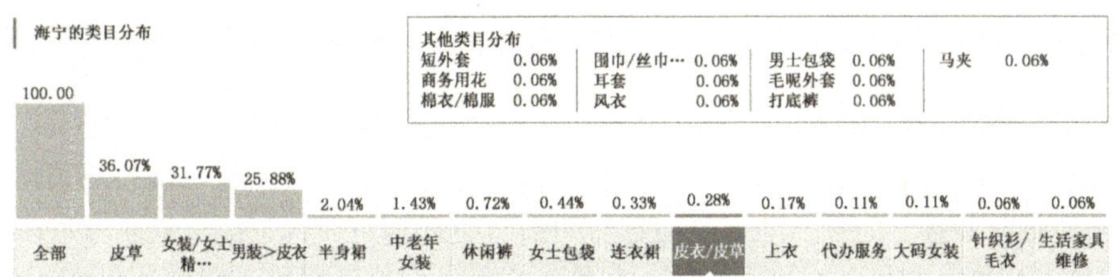

图 4 淘宝、天猫平台海宁地区卖家销售商品品类分布情况

资料来源：淘宝指数，http://shu.taobao.com/trendindex?query=%E6%B5%B7%E5%AE%81。

皮草是海宁的城市名片，海宁本地传统企业卡拉扬、玖姿、雪豹、敦奴等皮衣、服饰企业，刚刚从实体经济尝试进入电子商务，取得了不错的销售成绩，未来有望成为知名的电子商务品牌。

四、海宁市电子商务税收征管问题

（一）C2C、小微 B2C 卖家征管难

根据国家税务总局公告 2014 年第 57 号《国家税务总局关于小微企业免征增值税和营业税有关问题的公告》增值税小规模纳税人和营业税纳税人，月销售额或营业额不超过 3 万元（含 3 万元，下同）的，免征增值税或营

① 阿里研究中心，中国县域电商发展指数 aEDI，http://www.aliresearch.com/blog/article/detail/id/20431.html，2015 年 5 月 11 日。

② 淘宝指数，http://shu.taobao.com/trendindex?query=%E6%B5%B7%E5%AE%81。

业税。C2C电商平台上活跃着大量的小微企业及个人卖家。根据相关测算，2013年超过95%的C2C交易发生在淘宝集市平台，淘宝集市上的网商总数约为700万户，年交易额8000亿元，每个网商的年交易额平均仅十万元。当时增值税、营业税起征点为每月2万元即年24万元，有94%的网商交易额达不到起征点。[①] 而剩下的6%即42万户达到起征点的网商则成为征管上的“盲点”。

截至2014年，海宁从事电子商务网商2万家以上，目前统计的从事电子商务相关企业近2000家。即海宁目前仅C2C个人卖家就有2万户，加上电子商务企业中的小微企业，海宁现有的C2C个人、B2C小微卖家总数，应超过2万户。按照2015年3万元起征点的标准，估计2万多户卖家中的10%以上，即2000多户海宁卖家会超过起征点标准。这还仅仅是淘宝上的卖家，如果加上微商等其他交易平台上的卖家，则不胜枚举。

这些C2C个人、B2C小微卖家往往并不了解增值税起征点的相关规定，由于卖家的销售数据散落于淘宝、微信等各大平台、客户端，且大部分平台并不在海宁，不属于海宁税务局的管辖范围，税务局很难掌握卖家的销售总额及销售情况。因而，销售额超过起征点的C2C个人、B2C小微卖家，征管上有相当大的难度。

（二）平台B店，线上进项、线下抵扣

随着电子商务的高速发展，租金、人工成本较高的线下实体店，正不断受到线上网店的冲击。作为应对，越来越多的传统企业在开展线下业务的同时，也在网络上拓展市场。部分企业，为了逃避税收，在网络销售时尽量不开、少开发票，而把相应的进项税额用于线下实体店申报抵扣，这样就达到了偷逃税的目的。而税务局由于缺乏线上销售的相应数据，无法对其进行征管。一些O2O平台上的商户，在提供服务的同时，由于团购的价格较为低廉，也存在不愿开发票的情况。尽管目前，一些较大的平台管理逐渐规范，要求企业在线上销售必须开具发票，但还是有部分企业心存侥幸。这不仅造成了国家税收的流失，更产生了线上线下税负的不公。

---

① 卢慧菲.从两种基本思路出发制定科学合理的电子商务税收政策.中国税务报，2014-3-5.

（三）网络交易数据的申报认定

对于传统的线下销售，纳税义务的认定一般以交易合同、各种票据为依据。尤其是税收的征管，俗称以票管税，发票素来是税收征管的核心。线上交易，几乎所有的信息记录都在网上，然而电子交易记录并不被税收征管部门所认可。假设个人卖家去进行纳税申报，在电子发票还未广泛实行、税务机关代开发票又较为困难的情况下，网络销售数据如何取信于税务机关。

五、对策及建议

（一）加强与网络平台的合作

我国电子商务的流量主要集中于淘宝、天猫、京东、亚马逊等几大电商平台，线下看人气，线上看流量，有流量才能有销售，所以绝大部分个人、企业卖家都集中于这些平台，只有与这些平台合作，才能获取相关企业的销售数据。只有汇总了相关数据以后，才能对个人、企业卖家进行有效的征管。建议首先与海宁当地的电商平台开展辖区范围内的数据共享合作，加强对辖区内电商卖家的征管，再拓展到全国性的大电商平台。

（二）探索电子交易数据的认定

交易数据与纳税人的纳税申报、应纳税款息息相关，此外还会影响到商户是否能够享受到一些相关优惠政策。对于涉及专用发票的销售额认定，由于风险较大，可暂不涉及。对于用于申报缴税用途的电子数据，应探索对网络电子交易数据的认可。

参考文献

[1] 刘婧，张玉峰，傅静之.海宁亮出潮经济新名片.浙江日报，2014-7-7.

[2] 冯洁，张玉峰.电商集聚助力线下转型.浙江经济，2014（13）.

[3] 吴联源.电商服务资源对接会海宁启程.浙江日报，2015-5-20.

[4] 曾圣舒，欧阳潇，邵蔚等.小家大梦一切为了美好生活2013中国国际家用纺织品及辅料—秋冬—博览会开幕.纺织服装周刊，2013.

［5］余延青，李迪刚. 海宁电商助力经济转型发展. 嘉兴日报，2015－7－8.

［6］杨洁. 嘉兴五县市齐齐上榜电商百强. 嘉兴日报，2014－7－8.

［7］邢凯，鹿楹鑫. 探析电子商务环境下的税收流失问题. 经营管理者，2011（2）.

［8］胡绍雨. 我国电子商务税收问题及其对策研究. 经济论坛，2014（8）.

［9］岳树民，高春. 电子商务课税“突围”：立足有效征管的制度设计. 财贸经济，2013（4）.

［10］王凤飞. 电子商务税源监控和税收征管对策探析. 经济与管理，2012（2）.

［11］黄博深. 论电子商务中的税收问题. 商业会计，2012（5）.

［12］谢波峰. 对当前我国电子商务税收政策若干问题的看法. 财贸经济，2014（11）.

［13］卢慧菲. 制定科学合理的电子商务税收政策. 中国税务报，2014－3－5.

［14］黄璧榕，王善平，周玥等. 个人网店的税收征管问题——基于淘宝网的研究. 现代经济信息，2013（24）.

［15］屈瑜君，沈星元. 电子商务对我国税收征管的影响分析. 企业家天地（理论版），2011（8）.

［16］武汉市国家税务局课题组. 覃先文，刘卫明等. 完善我国电子商务税收征管的设想. 税务研究，2014（2）.

［17］何辉，侯伟. 电子商务税收对策——国际借鉴与我国的现实选择. 电子商务，2013（1）.

［18］张丹. 国外电子商务税收政策对我国的借鉴. 知识经济，2014（3）.

［19］王祖强. 加强电子商务税收征管促进电子商务健康发展. 电子商务，2011（9）.

［20］贾绍华，梁晓静. 电子商务税收征管研究. 税收经济研究，2012（3）.

地方政府建立跨年度预算平衡机制的研究

李媛媛[①]

摘　要　新《预算法》的出台落实了我国财税体制改革的要求，在预算制度上实现了诸多创新，“各级政府应当建立跨年度预算平衡机制”是重要的创新点之一。本文在阐述建立跨年度预算平衡机制意义的基础上，致力于分析地方政府建立跨年度预算平衡机制的现实困难，并提出针对性的操作性建议。

关键词　跨年度　预算平衡　收入预算　支出预算

作为公共财政制度改革的重中之重，财政预算管理体制已历经屡次改革，2000年始，预算管理制度进入了逐步健全的阶段[②]，1999年河北省开始率先试点推行部门预算管理制度改革，2004年，部门预算从中央到地方基本实现全面展开。2001年推进国库集中收付改革，2003年颁布《政府采购法》，2005年国务院通过《政府收支分类改革方案》，2005年开始推进绩效预算管理改革，以及2007年的政府收支分类改革，2013年开始的政府会计改革等一系列涉及预算编制、执行、监督的各项改革，这些环环相扣、相互作用的改革已经演进成一场财政预算管理制度全面创新的革命，时至今日，《新预算法》出台，改革又向纵深推进一层，建立跨年度预算平衡机制也是迈向这纵深的一阶。

---

① ［作者简介］李媛媛（1982—　），女，安徽泾县人，浙江财经大学东方学院讲师。

② 杨志勇．我国预算管理制度的演进轨迹：1979—2014年［J］．改革，2014（10）．

一、跨年度预算平衡机制的内涵和意义

（一）预算平衡观的演进

从西方主流的预算理论来看，其发展主要经历了年度预算平衡理论和周期预算理论两个阶段。预算平衡观从谨遵静态刻板的年度平衡逐渐演进到追求动态灵活的周期平衡。

1. 年度预算平衡理论

年度预算平衡理论是以“量入为出，收支平衡”为中心的预算理论，该理论主张厉行节约，实行严格的预算平衡，要求每个财政年度的收支都要保持平衡，不仅强调预算平衡的年度时效性，并且要求预算规模要小，财政支出要节俭，支出用途要加以严格控制。

在资本主义初期，经济学家特别是古典学派经济学家极力推崇自由放任的市场机制，反对政府干预经济，“守夜人”政府的价值观决定了，政府需要对财政预算持特别谨慎的态度，必须严格执行年度预算收支平衡。不过历经社会经济发展的实践可知，该理论仅适用于经济稳定、健康协调、市场出清、供求均衡的理想社会经济状态①，一旦当经济处于不均衡的时期，它则大大束缚了政府采取财政措施应对经济波动的能力，会加剧经济的动荡，如在经济衰退时期，由于国民收入的大幅度下降，政府税收减少，而财政支出却往往处于上升或不变的状态。在这种情况下，为了实现年度预算平衡，政府只能增加税收或减少开支，但这些紧缩需求的措施，只能给已经是有效需求不足的经济衰退“雪上加霜”。而在通货膨胀时期，由于国民收入增加，政府税收亦自动增加，这时的支出则处于相对下降或不变状态。在这种情况下，为了平衡预算，政府或降低税率或增加开支，这些加大需求的措施，也只能是给已经出现的通货膨胀“火上浇油”。

由此可见，年度预算平衡理论仅仅追求预算自身的收支平衡，就预算论预算，预算脱离宏观经济实际，不考虑宏观经济的现实需要，是一种狭隘偏颇的预算平衡观。

---

① 王金秀．解读跨年度预算平衡机制［J］．财政监督，2015（5）．

2. 周期预算平衡理论

随着20世纪30年代经济大衰退的爆发，愿景中的理想经济状态彻底颠覆，西方经济学家对自由市场经济的内在稳定机制产生了怀疑，认为政府应该干预经济，经济学界发起了凯恩斯革命，凯恩斯革命的核心内容就是周期财政平衡，认为预算必须作为政府稳定宏观经济的政策工具发挥作用。因为要实现稳定经济的目标，需发挥预算的宏观调控功能，所以年度预算需进行反经济周期的运作，换言之，政府需要判断和依据宏观经济的盛衰，在年度预算安排上选择不平衡的年度预算政策对经济“逆风向行事”，即，在经济衰退时，政府为了扶持经济发展，需以外力推动市场经济的运行，如减少税收，增加政府购买性支出等，有意识地形成赤字；反之，在经济繁荣时，政府也需给市场经济降温，如增加税收，控制政府投资类项目的支出，有意识地形成盈余。从理论上来讲，放眼整个经济周期，衰退时期的赤字可以被繁荣时期的盈余抵消，年度预算的暂时失衡换取了经济周期内的预算平衡。改变了政府在年度预算平衡理念下的繁荣时期预算收入增多从而支出增多，衰退时期预算收入减少从而需缩减支出的被动无力处境，这一预算思想极大地释放了政府相机抉择的主动性，使预算与宏观经济形势相融，起到稳定宏观经济的作用。

不过从历史经验来看，所谓经济周期并没有确切的起止日期，一个经济周期具体要经历几年，是三至五年，还是八到十年并无从知晓，从操作性上来看，年限越长制订预算的操作难度越大，而年限短又不足以涵盖整个经济周期，因而，这从技术上对周期预算平衡提出了挑战。自20世纪70年代以来，西方国家纷纷调整预算理论，在周期预算平衡理论的指导下建立起了中期滚动预算制度或中期财政规划或多年度预算，从各国的实际经验可知，它们的中期对应的是“三到五年”①。

综上所述，跨年度预算平衡机制源于周期预算平衡理论，为了确保财政的可持续，更好地发挥政府的宏观调控作用，其摒弃了年度预算平衡的理念，着力在预算编制、审查、执行、监督的全环节，构建跨年度的、周期性的、动态的预算平衡机制。跨年度预算平衡虽然立意在跨越整个经济周期，但实际上当今世界各国都没法精准判断经济周期的真实长度，而且各个经济周期也是长短不一，同时由于政府的参与也会影响经济周期的长度，为了保证制度的稳定性、合理性和可操作性，基于现实的考量，我国跨年度预算平

① 杨志勇. 关于新预算法四个问题的探讨［J］. 南方金融，2014（11）.

衡机制的构建目标是：建立健全以三年为周期的、合理的动态预算平衡机制，从操作层面上来看实际操作为三年期滚动预算，即每年都要做三年期滚动预算，每三年为一个滚动周期。

（二）构建跨年度预算平衡机制的现实意义

由跨年度预算平衡的内涵可知，跨年度预算旨在更好地发挥政府的宏观调控作用，构建跨年度预算平衡机制具有多重现实意义。

1. 利于纠正预算的随意性，保证预算的法律性

看似谨慎的年度预算平衡实则容易造成预算的随意性。从预算收入方面来看，经济繁盛时，税收会自动快速增长，考量到财政收入年度增长的压力，税务部门在实际征税时，会有意识地在保证当年预算收入任务的基础上“应征少征”“应征不征”，或将税款压库，当经济衰退时，则有可能会为了完成预算收入任务征收“过头税”；从预算支出方面来看，政府部门为了保证年度收支平衡的预算目标，在年底，会“突击花钱”或虚列支出以抵消结余，收不抵支时会不列支出，即将本年度的支出项目挪列入次年预算①。这两种情况都是年度预算平衡观狭隘性所致的现实表现，使年度预算多少具有随意性和非法性。同时，经济繁盛时政府会多支出，经济衰退时政府会少支出，这种被动顺流市场经济动态的无作为行为，不仅不能起到稳定宏观经济的作用，反而加剧了宏观经济的动荡。

契合跨年度预算平衡机制的思想，新《预算法》规定“各级一般公共预算按国务院规定可以设置预算稳定调节基金，用于弥补以后年度预算资金的不足”“各级一般公共预算年度执行中有超收收入的，只能用于冲减赤字或者补充预算稳定调节基金”，这些规定都强化了用法治思维来管理预算的理念，从法律层面解除了收入征管部门的征收包袱，杜绝了预算的随意性，注重发挥预算的灵活性，并同时强调严肃性和法律性。

2. 利于多项改革的互助推进

建立跨年度预算平衡机制与政府会计制度改革、编制政府综合财务报告、地方政府债务管理改革等多项改革唇齿相依，从事务安排上看虽有先后开展的时序之别，但多项改革的同时推进，方才利于实现国家治理的现

① 张文春. 小议跨年度预算平衡［J］. 财政监督，2015（5）.

代化。

因为政府会计记录和反映预算资金的收支情况，为预算的编制、审查、执行和监督提供会计信息，而科学、准确的会计信息，是预算工作开展的基础。同时，以权责发生制为基础的政府会计制度改革，主张不仅记录和反映预算资金的收支情况，而且提供政府财务状况信息，除流量信息外也包括政府资产和负债等的存量信息。可见，改革后的政府会计能够全面反映政府资产、负债、收入、费用等信息，能够提供更为全面、丰富的预算会计和财务会计信息，而这些更为科学、详实的信息又为跨年度预算的编制提供了基础数据的保障，所以建立健全跨年度预算平衡机制理应紧随以权责发生制为基础的政府会计改革，甚至可以说，政府会计改革推进的深度决定了跨年度预算编制的成败。

近年来，各级政府都加大了投资性支出，各级政府都在大力推进林林总总的经济开发区建设，加之日益增长的民生支出，地方政府的实际债务问题早已成“达摩克里斯之剑”，但当预算法不允许地方财政列赤字时，地方政府只能让债务以其他方式存在，地方融资平台就这样应运而生了①。现如今名目繁多的地方融资平台甚至让地方政府自身都无法清查其债务规模，地方政府的债务管理改革立意把地方政府的债务摆上台面，改革目标是让地方政府自身注重防范债务风险，而各级政府建立跨年度预算平衡机制也从内涵上应允了地方财政预算可列赤字，因而这两项改革必须配套进行才能实现目标。

3. 提高政府预算的预见性和透明性

建立跨年度预算平衡机制，需要构建 3—5 年的中期预算框架，如前所述，基于现实考量，我国意在把中期预算框架定义为政府预算未来 3 年工作的全景图，为了让财政支出对未来的 3 年都有切实的安排，这要求在预算编制工作中必须大大提高预算的预见性，特别是项目支出的安排，需跳开 1 年的视角，对未来 3 年的经济形势做出准确的判断，并有所应对。同时，由于预算公开的要求，以 3 年为周期的全景图一旦展开，政府推进各项财政政策也必须照章办事，这有利于提高财政政策的透明度，同时增强了未来财政政策走势的可预见性。

① 杨志勇. 关于新预算法四个问题的探讨［J］. 南方金融，2014（11）.

4. 利于预算绩效管理的有效开展

由于政府开展的多数项目存在周期长、见效慢的特点，那些周期超过1年，后期社会效益显著的项目，开展以1年期为视角的绩效评价难以起到真正的作用，无论这1年选取的是项目实施的第1年，还是项目完成的第1年，抑或其他某一特定年份，1年期的时间跨度难以实现有参考意义的绩效评价。而3年期的预算安排，为分析财政政策效果提供了一个较长的周期视角，相当大的程度上克服了年度预算的短视性弊端，特别是大型的项目支出在预算编制时必须考虑到当前财政收支的长期执行后果，因而为了能够有预见性地鉴别和确认财政风险，必须对其进行严谨的绩效管理，这有利于预算及早做出相应安排。基于两者的相互作用，不仅使预算绩效评价更为客观有效，而且其评价结果也更具参考价值和借鉴意义，从而大力推进了预算绩效管理。

二、地方政府建立跨年度预算平衡机制的现实困难

（一）多重周期不匹配

1. 与“五年计划”的周期不匹配

自1953年以来，我国一直以五年为一个周期制定国家发展的中短期规划，主要是对重大建设项目、生产力分布和国民经济重要比例关系等作出规划，为国民经济发展远景规定目标和方向。各级地方政府也有相配套的“五年计划”，也着力于规划当地的重大建设项目，产业调整和与国家的“五年计划”相配套的各种规划。而这些地方经济发展的目标和方向也势必会以预算支出的形式体现，跨年度预算从我国操作的实践要求上来看是编制三年期滚动预算，具体编制办法为：编制三年期预算，其中，第一年的预算编制对应下一年度需要具体施行的预算收支，强调科学、细致，数据要求具体而微。后两年预算需充分预估经济发展趋势，除了准确预算财政收入外，其重点在于预算支出的编制，其支出需在判断经济发展趋势的基础上，参照基本支出和地方中短期规划中的项目支出编制，强调科学、合理，数据相对粗略。第一年度预算执行结束后，根据对客观现实的认定和经济形势的判断

及时对后两年预算进行调整，同时滚动编制下一年度的三年期预算。显然，从周期上来看，三年期滚动预算编制周期和我国长期以来推行的“五年计划”周期不匹配，这客观上会造成预算和财政政策的联接机制不充分，对编制跨年度预算时选择跨年度项目造成一定的困难，同时由于各级政府对未来影响财政的因素考虑不一，选择跨年度项目时也会造成时差，但某些政治任务色彩浓重的项目，又需要自上而下的保持高度一致性，这使地方政府选择三年期内项目的难度加大。

2. 与地方行政首长的任期不匹配

就我国的实际来看，地方政府行政首长通常以五年为一个任期，显而易见，五年任期之内将产生不足两个“跨年度”的期限，因此可能会存在道德风险。简单点说，如某行政首长第一个跨年度期限内按要求实现了周期预算平衡目标，其具体的预算管理思路是：第一、第二年增加财政支出，有意识地形成预算赤字，然后在第三年有意识地弥补前两年产生的赤字，完美地实现了预算平衡，能力得以彰显，获取了领导和民众的认同。紧接着，第二个三年如法炮制，即继续在前两年增加财政支出，增列赤字，但由于这个第三年业已超越了任期，因而需要弥补赤字的年度该行政首长却因为这五年显著的政绩得以升迁。从而，弥补赤字甚至偿还债务的责任留给了继任者，这不仅对继任者不公，而且会给当地财政埋下“涸泽而渔”的隐患，不利于地方财政的可持续发展，与跨年度预算平衡的理念背道而驰。所以这一类型的周期不匹配在客观上难以避免官员的道德风险，从而对跨年度预算的有效推行造成困难。

（二）不易把控地方债务风险

目前，地方政府债务存量大，债务的偿还仍高度依赖土地出让金。另外，我国未来经济下行的压力仍然较大，政府将采取积极的财政政策刺激经济运行，势必会扩大财政预算规模，实行跨年度预算平衡机制也从制度为地方政府刺激经济加大预算支出提供了保障，但这无疑会让地方政府债务又形成新的增量，巨大的存量加增量，再加之债务利息的滚动，地方债务风险不可谓不大。因此，可以说，实行了跨年度预算平衡机制后，或有负债、经济周期冲击、社会福利权利等因素使中央仍然难以控制地方政府支出总额，其中蕴涵着潜在、加大的地方债务风险和财政风险。

（三）滚动周期内的预算精度难以把握

科学性、精确性是跨年度预算编制的内在要求，“五年计划”是编制跨年度预算支出的基本宗旨，但“五年计划”毕竟只是一个粗线条的国家方针，在操作上使财政支出很难量化，准确性难以把握。同时，由于客观原因和行政命令的存在，使各支出项目的进度存在不确定性，这不仅影响滚动周期后两年的预算精度，甚至直接影响到第一年的预算精度。如前所述，三年期滚动预算编制后两年的预算收支可以根据经济形势的判断做出调整，对预算精度的要求低于第一年，这使地方政府在实际编制过程中，对预算精度难以把握，可能会出现各级政府编制精度不一的情况。

（四）极大提高了预算审查的难度

就宏观经济稳定而言，跨年度预算平衡带来的最为深刻的影响，就是要求在预算政策制定的当时，而不是事中或事后，就意识到预算政策对宏观经济运行的影响。从技术上看，需要深刻理解财政乘数的概念，量化预算对稳定宏观经济的影响。这不仅对编制提出了技术性的要求，而且就人大审查预算而言，贯彻跨年度平衡机制也提出了相当高的技术要求。这一机制要求审查预算的人大代表必须能够理解和量化各类预算变量（税收、支出和债务等）和经济变量的相互作用和影响，将预算审查的焦点从传统的只关注“预算收支是否满足法定控制的要求”放在“预算政策与宏观经济目标是否相互协调”的问题上来，这要求审查预算的人大代表必须是通晓预算的专家。但由于地方政府受制于区域，相对中央政府更为缺少专家型的人大代表，因此，这一预算审查难度也自上而下愈加凸显。

三、地方政府建立跨年度预算平衡机制的操作建议

（一）对预算支出进行结构性区分约束

与传统的年度预算平衡相比较，跨年度预算平衡机制对地方政府预算收支的编制提出新的要求：第一，松绑预算收入。预算收入不再是具有任务性

的硬性约束指标，而需依法征税，不得人为调节税率，清理和规范税收优惠政策，杜绝“应征少征、不征”或征收“过头税”。第二，硬化预算支出。根据预算法定原则，硬化支出约束，防止政府在财政超收时“冲动消费”，随意扩权开支，大手大脚或突击花钱。

预算支出从结构上分基本支出和项目支出两类，其中，基本支出通过定员定额等方法比较容易计算获得，而且在一定周期内具有相当的稳定性，因而编制跨年度预算时不仅需要对第一年的基本支出进行详实、准确的编制，周期内后两年的编制也需要做到同第一年近似的精度。基本支出总量确定后原则上不得增加预算支出，同时基本支出内的人员经费和日常公用经费支出也需分别控制总量，避免内部调剂。重点在于控制项目支出，基本原则是进行项目库建设，在预算周期内实行严格的总量限额控制。

（二）厘清周期内的工作计划和跨年度项目

厘清周期内的工作计划和跨年度项目是合理编制跨年度预算支出的基础工作。根据轻重缓急分解工作计划，按计划的预计开展时间和实施时间以及进度长短分类，兼顾考虑到多重周期的交叉错落，为跨年度预算分配第一、第二、第三年的预算支出提供科学的依据。同时，要建立跨年度预算项目（含大型的政府采购工程）储备库，如将项目划分为阶段性项目、一次性项目、不确定项目等类别，对项目进行分级分类管理，必须预先考察项目成本，严密论证项目绩效，对项目进行立项前的可行性研究、评审和立项后的公示，将符合条件的项目分类、分级列入跨年度预算项目的储备库，确定预算支出战略优先顺序，遵从项目经费总量控制的原则，从项目储备库中选取预算项目。

（三）构建跨部门协调机制

预算工作涉及多部门的联合作业，因此，在建立跨年度预算平衡机制之前，地方政府各部门首先要构建预算编制的跨部门协调机制。需要形成以财政部门为核心的，以发改委、统计、税务部门为依托的，联合各级预算编制部门共同协作的跨部门协调机制。联合各部门的力量对本级政府国民经济发展规划中未来几年的重大项目支出做好充分预测和计量工作，做到三年期滚动预算思路不仅能够匹配地区经济规划，并可以能动地调节地方经济发展。

（四）提高科学的预算收支预测技术

近年来，西方国家频发债务危机，国际社会也开始普遍重视财政的可持续性，发达国家积极运用和研发预算收支的预测技术。例如，美国年度预算建议草案中包含对未来75年的预测；英国的年度预算前文件中有未来50年的财政经济预测等①。预算收支的预测技术不仅能够用来评估预测中长期财政风险，也是建立跨年度预算平衡机制的技术保障，地方政府可通过工作人员的专业化培训和与相关预测机构的合作，积极学习先进国家的经验，逐步提高预算收支预测的技术水准。同时，为了预算审查的需要，地方人大也需要尽快解决预算专家吃紧的问题。

参考文献

[1] 杨志勇. 我国预算管理制度的演进轨迹：1979—2014年 [J]. 改革，2014 (10).

[2] 王金秀. 解读跨年度预算平衡机制 [J]. 财政监督，2015 (5).

[3] 杨志勇. 关于新预算法四个问题的探讨 [J]. 南方金融，2014 (11).

[4] 张文春. 小议跨年度预算平衡 [J]. 财政监督，2015 (5).

[5] 杨志勇. 关于新预算法四个问题的探讨 [J]. 南方金融，2014 (11).

[6] 石英华. 预算与政府中长期规划紧密衔接的机制研究——研究改善政府预算执行的新视角 [J]. 财政研究，2012 (8).

① 石英华. 预算与政府中长期规划紧密衔接的机制研究——研究改善政府预算执行的新视角 [J]. 财政研究，2012 (8).

高校预算编制的可靠性与精准性问题探析

张 稀①

摘 要 高校预算在高校财务管理中发挥着重要作用，但是目前的高校预算编制中仍存在着对内对外预算不统一、预算执行与年初预算偏差大、投入规模和收支预算概念不清等问题，本文旨在通过对当前工作中存在问题的分析，从可靠性与精准性角度，对高校构建全口径、精细化预算编制体系提出建议。

关键词 高校 预算编制 可靠性 精准性

当前，高等教育体制改革持续推进，高校的办学层次不断提高、办学规模不断扩大，高校财务管理的难度也随之增加，预算管理作为高校财务管理的重要工具，日益受到重视。然而，实践中，高校预算编报还存在着一些问题，较为突出的是预算编制过于粗放，可靠性、精准性不够，影响预算执行的同时，也影响了教学科研等活动的正常开展。如何使高校预算编制更为可靠和精准，已成为当前高校关注和亟待破解的难题。

2010 年 6 月发布的《国家中长期教育改革和发展规划纲要》第五十八条提出："建立科学化、精细化预算管理机制，科学编制预算，提高预算执行效率"。2011 年 6 月，国务院《关于进一步加大财政教育投入的意见》第四条第二款指出："全面推进教育经费的科学化精细化管理……要强化预算管理，提高预算编制的科学性、准确性。"可见，国家政策和现实需要都对构建科学、精准的高校预算体系提出了要求。本文试图通过对目前高校预算编制中普遍存在的问题进行深入的探讨和分析，探索和构建一套更为全面和科学的预算编制体系，从而使高校的经济资源得到合理配置和有效使用。

① ［作者简介］张稀，浙江财经大学教师。

一、高校预算编制的现状

高校预算是根据高校事业发展的目标和规划，在一定的目标期间，对经济资源进行有效配置，并制定相关的收支计划和资金计划。高校预算囊括了年度财务收支计划、经济资源的配置方案、资金计划等内容，全面反映一个高校的财务状况和现金流等情况。

从实践来看，高校普遍需要编制对内对外两套预算。对外预算是根据同级财政或上级主管部门的要求编制的财政预算，主要是确定下一年度高校的收支“总盘子”，结合政府收支功能分类和经济分类编制单位的收支计划。财政预算的批复程序较为复杂，一般需要经过“二上二下”的程序，且启动时间较早。以浙江省为例，省级财政部门在一季度就开始向高校布置下年的预算编制任务，并要求高校在上半年即完成下一年度预算的报送工作。

对内预算则是高校管理者为满足自身管理需要而编制的预算，其主要功能是将预算“盘子”在校内做一个经济资源的配置，同时根据资金流动情况，制定资金计划，满足资金管理需要。预算编制者往往根据当年的收入情况和收入性质，在不同的经济功能之间做合理的分配，例如，人员经费和日常公用经费之间的分配，也需要在校内的各二级预算单位（各职能部门、教学部门）进行资源配置。按照惯例，校内预算编制往往要根据财政预算的情况来估计预算“总盘子”，也要根据各二级单位的申报情况做统一的规划，在编报时间上会略迟。

二、高校预算编制中存在的问题及成因分析

（一）对内对外预算脱节，即俗称的“两张皮”现象

从高校预算的实际情况看，内外预算不匹配已是普遍现象。内外预算报告的对象不同，要求功能也各不相同，高校往往不大注重两者的统一，各自为政的问题较为突出。在当前国库集中支付的模式下，经费收支需严格按照对外预算的经济分类执行，而对外预算的不准确严重制约了预算的执行和教育事业的开展。笔者分析，造成对内对外预算“两张皮”现象的主要原因

有以下几个方面：

（1）对内预算启动时间滞后于对外预算，造成对外预算编报缺乏依据。理论上，对内预算以各二级预算单位（各部门、学院）的工作计划和资金需求为基础，相对来说更符合实际，因此，对内预算的启动时间应在对外预算编制前。但事实上，由于预算编制的重视程度不够，校内预算启动较晚，校外预算由于外部时间的严格要求又常常是应付了事。对内预算的滞后性，导致了对外预算编制的空洞和脱离实际，大多是“闭门造车”式的核定收入支出，与高校事业发展的实际需要和进度脱节，既不准确又影响预算的权威性。

（2）预算编制目的不同，造成准确性的差异。在编制对外预算时，高校为争取更多的财政资金，往往会尽可能“撑大”预算“盘子”；而编制对内预算时，就要考虑各项经费支出的均衡，以及事业发展的方向，主要出于学校内部财务管理的需要。目的不同决定了最终的“成果”必然不同，对外预算往往会“虚增”支出，较为粗放；对内预算则更为准确、精细，更具操作性，也更贴近高校事业发展的实际。

（3）预算编制方法上的差异，导致相互衔接困难。对外预算编制时根据财政部门要求的类款项来编报预算，重点关注预算的合法性与合规性；而校内预算往往结合校内各部门的实际做一些切块和汇总，同时体现下一年度的工作任务和工作目标，综合考虑资金总量，用因素法、增长率法等方法核定经费。内外预算编制模式和方法的不同造成内外预算衔接困难。

（二）预算执行结果与年初预算数偏差大

目前很多高校存在着年初预算数与实际执行数偏差较大的情况，主要原因为预算收支数据没有得到准确、可靠估计。以浙江省某高校为例，学校连续三年在编制校内预算时出现数千万元的赤字，但最终决算都是收支持平或略有结余。从表面上看，学校编制赤字预算违反相关规定，而事实上，此校参考了历年的执行情况，根据经验对部分经费的执行率做了合理的预估，预算编制时留有一定余地。这样编制出来的“赤字预算”，其执行结果不但没有赤字，反而准确率更高，这也说明预算编制存在偏差。预决算偏差大，已不是个别高校的特例，其存在的原因主要有以下几个方面：

（1）收入预算口径不全。随着社会经济的不断发展，高校的收入来源已不仅仅是财政拨款和学费收入，收入来源越来越多样化。从全面性角度考虑，收入预算应“全口径”，但是在实际操作中往往还是“窄口径”取数，一是由于已成惯例且易于操作；二是由于部分收入的取得具有很大的不确定性，如部分省市的财政专项经费由于需要一定时间的论证，下拨时间晚于基本支出预算，年初预算编制时无法可靠估计。另外，科研收入、社会捐助收入、技术服务收入、经营收入等也会因为外部条件的变化而变化。

（2）支出预算估计不准确。校内支出预算的编制，一般都建立在二级预算单位的经费申报基础上。二级预算单位本身就是经费使用部门，由于部门利益的存在，可能会盲目扩张预算需求，导致预算不准确。预算落实后又没有严格执行，造成预算执行率低下。钱是要到了，但是花不掉，甚至有些经费使用部门“看菜吃饭”，年底突击花钱。

（3）会计确认基础不同导致预算编制与实际执行结果存在偏差。高等教育会计属于预算会计范畴，其计量基础是收付实现制，而收付实现制在核算上的一些缺陷导致了预算执行与预算编制的偏差。收付实现制以现金的实际收付来确认交易和事项，换句话说，其据以确定计量的会计期间是现金交易的时点，而不是按照成本配比原则。但在预算管理上，往往偏重事项发生的实质，即按照事项发生的实质来确认期间，更倾向于权责发生制。这种预算所属期间与实际现金交易期间的差异造成了预算编制与预算执行的差异。

（4）预算编制方法不科学。传统的预算编制方法一般是基本支出采用定额法，按一定的标准核拨；项目支出采用基数增长法，在往年支出数基础上做一个简单的增量。定额拨款的标准制定非常重要，如果缺乏科学的论证，会造成经费短缺或者浪费。基数增长法核拨预算，则是承认了基数中的一些不合理支出，也有弊端。预算编制方法的不科学导致了预算编制不够精准，最终也导致预算执行结果和年初预算的偏差。

（三）高校投入规模和收支预算的概念混淆不清

投入规模，通俗地讲就是高校计划投入多少资金做某项事业。而收支预算，指的是计划收入和支出的金额。在实际执行中，投入某项事业的经费往往不可能在一个年度执行完毕，尤其是项目经费，当年的执行率不可能达到100%。因此，收支规模更接近于实际资金变动。传统的高校预算编制方法，编制者按照投入规模填列项目经费支出数，实际上是混淆了投入规模和收支预算的概念。

从实际情况看，高校普遍存在项目经费执行率不高的现象，尤其是校内专项，即学校用事业收入安排的项目经费。高校的校内专项有其特殊性，往往存在二次分配的情况，即项目经费由很多个子项目组成，预算编制者在确定总的项目经费投入规模后，需要在不同的子项目中进行二次分配。例如，某高校计划2016年投入学科经费80万元，学科经费的申报需要满足一定的条件，经过相应的评审程序，最终分配下去的学科经费可能只有80%。而分配完成后，由于个体差异，各学科对经费的执行率也会各不相同，这就会造成投入规模和实际支出数的差异。类似的情况还有课程经费、科研经费、专业资助等，由于年初预算不能对各个子项目能否获得资助做准确判断，各项目又分别由教师个人或团队负责，个体的差异必然导致执行率参差不齐，投入规模和实际支出就会有差异。以浙江省某高校的课程建设经费为例，学校某三年课程建设经费的预算安排及执行情况见表1。

表1　某高校20×2—20×4年课程建设预算及预算执行情况　单位：万元

年份	预算数	实际下拨数	实际支出数
20×2	150	93.25	86
20×3	150	132	83
20×4	197	197	93

以上数据可见，预算安排经费金额，如果按投入规模列预算支出，就会虚增资金预算编制中的资金需求量。

（四）收支预算的虚假平衡

高校经费性质多样，不同的经费有着不同的管理要求，如财政专项要求专款专用。但是高校的预算编制没有及时跟进财政体制改革的步伐，或者是由于部分高校的管理者为了掩饰办学经费短缺，没有明确区分不同的经费性质，把所有经费的收支预算都混为一谈，表面上看是实现了收支平衡，实际情况往往是专项经费多有结余，而基本支出经费不足。

三、提升高校预算可靠性和精准性的建议

综上所述，高校预算编制中存在着种种问题，有些是思想意识上的问题，有些是编制方法上的问题，也有些是无法克服的客观原因。笔者试图把生产管理中精细化的管理模式引入预算管理，区分不同的经费性质，区分不

同的管理要求，建立全口径、精细化的预算编制模式，构建相对完整和清晰的高校预算体系，从而使高校预算编制更为可靠和精准。

（一）强化预算管理意识，完善预算编制程序

要提高高校管理者对预算编制的重视程度，改变以往预算就是“要钱”、预算就是财务部门的工作等错误观念，强化校内各部门预算管理意识，促进预算与业务工作的衔接。

首先，尽可能提前校内预算，对外预算要以对内预算为基础。在具体操作上，应先由各部门结合下一年度工作计划和任务目标，提出经费需求，再由预算编制部门根据学校整体发展规划确定重点保障领域，结合各二级预算部门的工作计划、预算需求，做出预测和决策，编制客观公正而又具可操作性的对内预算工作底稿。对内预算工作底稿作为编报对外预算的依据，做到对内、对外预算相互衔接、协调推进。从而避免对外预算编制的空洞和脱离实际。

其次，要进一步完善对内预算的编制程序，加强前期调研，并进行必要的科学论证。高校可成立预算审查小组，预算审查小组由专家和相关部门的人员组成，负责对各部门申报的预算需求进行专业审查。预算审查小组经过必要的调查、论证，确定校内预算初步方案。待对外预算确定后，再对校内预算方案作出适当的调整，并通过“二上二下”的程序，确定方案。这样做，一方面可使经费使用部门贯彻领会管理层意图；另一方面，也有利于预算制订者充分听取经费使用部门的意见。最终预算草案提交校长办公会议或其他决策机构审查通过，以增加预算的严肃性。

（二）确定科学合理的预算编制方法

预算的精准性还取决于预算编制方法是否科学合理。目前高校大多在基本支出预算中采用定额拨款模式，行政部门采用人均拨款作为包干经费，教学部门采用生均拨款作为教学业务经费。这种模式很大程度上调动了经费使用部门的灵活自主性，也和很多高校提倡的二级理财模式相吻合。在这种拨款模式下，拨款标准的制定显得尤为重要。预算编制者需要对历年的预算执行情况做一个统计分析，并使用因素法分析经费预算的实际构成，最终制定出科学合理的拨款标准。

很多高校对项目经费的预算采用基数增长法，基数增长法实际上是承

认了往年支出中的不合理现象，且没有考虑项目执行过程中外界条件和因素的变化。因此，建议调整为零基预算加滚动预算的编制方法。零基预算是将以往所有的支出归零，从实际需要和未来发展的角度，研究分析每项预算支出必要性，并根据各项业务所需的人力、物力和财力，判断出预算支出的大小，并按照轻重缓急安排预算经费。滚动预算则对预算编制要求较高，要求预算执行时，预算期永远保持在一年。凡预算超过一定时间即根据运行结果及发生的变化，对余下的时间加以修订，并自动后续一定时间，重新编制新一年的预算，使总预算永远保持1年的预算期。它要求及时调整和修正预算，使预算符合实际情况的变化。显然，零基预算加滚动预算的编制方法较为科学，但由于滚动预算编制要求较高、难度较大，实践中可循序渐进。

(三) 建立多层次、精细化的预算编制体系

1. 按照事业发展规划，编制收支规模预算

收支规模预算是按照高校整体事业发展规划，合理估计预算期间的总收入，以及各项事业的经费投入规模。收支规模的主要功能是制订财务计划以及实现经济资源的配置。在收支规模预算中要确保高校各项事业的持续发展，又要体现政策倾斜和重点投入。

首先，建立预算收入表，对未来的收入做一个合理的预计。根据收入性质不同，合理预计财政补助收入、教育事业收入、科研事业收入、经营收入等收入规模，如表2所示。

表2　　某高校20××年预算收入表

收入名称	本年预算数	上年实际数	编报说明
财政补助收入			
事业教育收入			
科研事业收入			
…			
其他收入			
收入合计			

其次，根据收入情况，对经费使用做整体规划，建立预算支出表（见表3）。考虑学校当前发展的重点和任务目标，将资源在不同部门、各项功能支出之间做合理分配。根据经费性质，区分项目支出和基本支出。基本支出预算以校内各部门为单位，采取定额核拨的方式，行政和后勤保障部门以教职工人数为单位，二级学院以学生人数为单位，分别制定经费核拨标准，以保障各部门基本支出和正常运转。项目支出预算以经济事项为单位，以零基预算为基础，按照因素法，结合各二级预算单位申报材料，经过充分论证后确定。

表3　　某高校20××年预算支出表（经费分配表）

支出性质	部门	本年预算数	上年实际数	编报说明
基本支出	党院办			
	教务处			
	…			
	基本支出合计			
项目支出	设备购置经费			
	实验室建设经费			
	…			
	项目支出合计			

最后，根据收支规模情况得出经费结余。收支规模预算全面系统地反映了当年的经费情况和资源配置状况。

2. 合理估计执行率，编制反映现金流量的资金预算

在收支规模预算的前提下，合理估计项目预算执行率，建立反映现金流量的资金预算。在收支规模预算确定后，由于一些不可控因素的存在，尤其是项目预算执行进度的影响，经费支出执行率不可能达到100%，因此需要编制一套反映预算执行情况的资金预算。

首先，财务部门应根据往年预算执行情况和完成进度，利用财务经验进行综合分析评估，对当年的预算执行率的概率区间做一个合理计算和估计。其次，根据经费分配表中的支出数合理确定所需的资金量。最后，根据预算收入和支出得出本年资金结余数，据以编制资金预算支出表（见表4）。

表 4　　某高校 20××年资金预算支出表（资金表）

支出性质	支出名称	核定预算数	执行年限	预估执行率	资金支出数
基本支出	党院办				
	教务处				
	…				
项目支出	课程建设				
	专业建设				
	…				
合计支出数					

编制资金预算可以更加可靠地反映预算年度资金状况，为保障资金运转通畅以及筹融资决策提供更加可靠的依据。

3. 对于来源于外部的专项经费，单独编制专项预算

高校项目经费的来源包括财政资金、非财政专项资金和其他资金三种。对于资金来源于外部的项目经费，往往具有经费用途单一、目标明确的特点，对于当年未执行完的项目经费余额，不能和事业结余合并，也不能用于弥补事业结余的赤字。因此，对于来源于校外的专项经费，应编报独立的项目预算，并建立项目库。

首先，根据资金来源，对于不同的专项经费做一定的分类。分类可根据资金性质划分，如将专项资金划分为财政专项资金、横向课题经费、专项资助经费等。其次，对各个项目经费要求经费使用人按照经济功能分类细化支出预算。按照经济功能分类细化项目预算，有利于项目经费支出结构的合理化，避免支出类型过于集中。另外，还要应用计算机技术，建立专项项目库，将所有专项经费的项目资料和信息录入专项项目库中，以便于对项目进行全过程、专业化管理。

目前，在高校的专项经费中，财政专项占了较大的比重。财政专项具有金额大、种类多的特点，且对管理和绩效的要求较高，因此，高校应重视财政专项经费的管理。可以在专项项目库中建立财政专项项目库，按照预算金额、重要程度、急缓程度以及时间周期等要素对各项目进行评分和排序，在申报财政专项时，按照评分值从高到低的次序选取项目。财政专项经费预算可以清晰地反映财政对高校事业发展的投入规模，专项的执行情况和结余情况，既体现预算的全面性，又满足了管理需要，也避免了不同资金性质支出的混淆。

综上所述，要提升高校预算的可靠性和精准性，除了强化高校预算管理意识外，更重要的是要根据不同的管理需要，构建多层次、精细化的编制预算体系。这种预算编制体系涵盖了收支规模预算、资金预算和专项经费，通过全方位、多维度的呈现和管控，使高校预算更加可靠、精准，并有效解决内外预算“两张皮”、差别大、概念混淆等突出问题，从而更全面、准确地反映高校财务状况，更好地实现高校财务管理目标。

参考文献

[1] 肖薇.高校预算精细化编制的实践探索.财会月刊，2014（10）.

[2] 李现宗，毕治军，严敏.高校预算管理转型研究.会计研究，2012（12）.

[3] 张大福.浅谈高校预算管理中的行为问题.教育财会研究，2007（4）.

基层政府支出责任划分存在的问题与治理对策

——基于浙江省H市全口径支出的分析

高伟华　高　琳[①]

摘　要　基层政府作为政府管理体系的末端，直接面对社会公众，在公共服务和社会管理方面承担了大量的具体执行工作，而这些职责通常分散在不同的政府预算管理体系中，因此，全面考察基层政府的支出责任成为优化支出责任配置的前提。本文通过对浙江省H市（县级市）一般公共预算、政府性基金预算、国有资本经营预算和社会保险基金预算"四本账"的支出数据进行分析，全面展示H市本级与乡镇街道的支出责任划分状况及其存在的问题。研究发现：（1）H市的一般公共预算支出和社会保险基金支出的责任划分较为稳定或相当稳定，但政府性基金支出责任划分波动较大，而且，政府性基金支出规模大幅高于一般公共预算支出规模；（2）从类级支出科目来看，一般公共预算支出中各支出项目的支出责任划分总体较为合理，但在城乡居民最低生活保障方面的支出责任目前基本上由乡镇街道承担，较为不合理；（3）政府性基金预算支出的绝大部分使用在城乡社区事务，由此导致政府性基金预算的城乡社区事务支出责任划分与一般公共预算的城乡社区事务支出责任划分存在较大冲突。针对上述研究发现，本文对如何完善基层政府之间的支出责任划分状况进行了探讨。

关键词　支出责任划分　基层政府　全口径支出

一、引　　言

在一个多级财政体制下，科学合理地划分政府间的支出责任是保障财政实现国家治理功能的基础。国际经验表明，当政府间的支出责任没有得到清

---

① ［作者简介］高伟华，浙江财经大学东方学院教师。高琳，上海财经大学教师。

晰地划分与界定时，率先在其他方面（如税权划分、转移支付体系）作出行动是本末倒置的，这极易走向低效的分权体制（Martinez - Vazquez and Qiao，2010）。中国于1994年启动的分税制改革明确界定了中央与地方之间的财权分配关系，但是政府间支出责任的分担格局并没有同步调整。随着时间的推移，实践中逐渐出现了“支出责任地方化”的现象，对我国经济社会的持续健康发展产生诸多不良影响。

为此，新一届政府的一个工作重点就是推动新一轮的财税体制改革。2013年12月，十八届三中全会审议通过了《中共中央关于全面深化改革若干重大问题的决定》（以下简称《决定》）。作为财税体制领域改革的一项具体任务，《决定》提出了“事权与支出责任相适应”的改革导向及框架性思路。[①] 在着力推动中央与地方的事权与支出责任划分改革的同时，地方政府之间的事权与支出责任划分改革也摆上了议事日程。在这样的背景下，本文认为，探究基层政府，尤其是县乡两级政府的支出责任及其划分就成为事权与支出责任划分改革中的一个迫切任务。这是因为，中央与地方以及高层级地方政府和基层政府之间事权划分，大多可以依据公共事务与公共服务的外部性程度、信息复杂程度等基本特性进行较为明确的界定，而在此基础上的支出责任界定也较为明确，通常而言，中央和高层级地方政府主要承担相关标准的制定、监管等职责，基层政府主要承担执行的责任。但是，县乡两级政府同为基层政府，都是公共服务供给中的政策执行与相关社会管理工作的责任主体，那么，该如何划分它们之间的支出责任？

本文以浙江省H市（县级市）为案例，系统地评估H市县乡两级政府的支出责任及其划分现状及其存在的问题，在此基础上提出相应的对策。与现有评估我国政府间支出责任划分的相关文献相比，本文的一个特色是基于“四本账”的全口径支出，完整地展现了县乡两级政府支出责任划分状况，避免了以往研究中因只关注一般公共预算支出而导致没有展现政府间的支出责任及其划分状况的全貌。

本文第二部分是对相关文献的评述；第三部分简单介绍研究案例的基本情况并说明研究数据的来源；第四部分是本文的主体，对H市的县乡两级

① 《决定》提出：“建立事权和支出责任相适应的制度。适度加强中央事权和支出责任，国防、外交、国家安全、关系全国统一市场规则和管理等作为中央事权；部分社会保障、跨区域重大项目建设维护等作为中央和地方共同事权，逐步理顺事权关系；区域性公共服务作为地方事权。中央和地方按照事权划分相应承担和分担支出责任。中央可通过安排转移支付将部分事权支出责任委托地方承担。对于跨区域且对其他地区影响较大的公共服务，中央通过转移支付承担一部分地方事权支出责任。”

政府的支出责任划分进行统计描述并分析存在的问题；最后一部分总结全文。

二、政府间支出责任划分：文献评述

理解纵向政府间支出责任划分的规范性分析框架是财政分权理论（或者说财政联邦主义）。分权理论起源于 Tiebout（1956）所论证的“Tiebout 模型”，基本思想是，自由迁徙的居民可以发挥“用脚投票”机制促使地方政府提供满足国民差异化偏好的公共服务。Tiebout 模型虽然没有直接讨论不同层级政府的角色差异，但其分析的前提假定“中央政府提供纯公共品、地方政府提供的是非纯公共品”，事实上已经表明中央与地方提供公共品的责任应有所区分。Musgrave（1959）开拓性地讨论了分级财政治理问题，他提出，涉及收入分配与宏观经济稳定的财政事务应由中央政府负责，而有关资源配置的事务则更适合地方政府负责，以允许资源配置政策在地区间有差异。Oates（1972）论证了著名的“分权定理”，认为只要地方公共品的需求与成本在辖区间存在差异，由地方政府而不是中央政府来供给就更能够满足辖区间异质性的偏好，只有当一项公共服务存在很大的外溢性或者规模经济效应时，才需要中央政府或高层级地方政府来提供。Olson（1969）提出了一个“对等原则”，他认为，一项公共品的供给职责应赋予能够与公共品受益空间相一致的最低层级政府，因为这能使公共品的受益与成本相对应。

Tiebout、Musgrave 与 Oates 等人的研究强调的是公共品支出责任分权化的效率优势。一些研究者对此提出了质疑甚至批评。Prud’homme（1995）指出了基本公共服务均等化的重要性，他认为，公共服务的需求在一国内部可能并没有那么大差异，尤其是在那些欠发达国家或地区，人们更需要的是基本公共服务的满足，诸如健康的饮用水、医疗服务设施、道路等基础设施以及公共安全等，而中央政府完全可以了解国民的此类基本需求信息。另一些研究者则认为中央政府完全可以向不同地区提供差异化的公共品。例如，Bardhan（2002）指出，一个强大的中央政府可以设置专门的信息收集部门，而且，在收集地方性信息上还具有规模经济的优势。中央与地方也可以共享公共服务的事权，如赋予中央政府制定一般性规则的权力，规定适用于全国的公共服务的某种最低标准，而具体的管理和执行交给地方政府自由裁量（Schwager，1999；Breton，2000）。

前述关于公共品集——分权优劣的规范性讨论，构成了政府间公共服务支出责任划分的一般性理论基础。在实践中，不同国家的纵向政府间公共服务支出责任划分，既有共性也有差异性。研究发现，共性特征包括：大多遵循了效率、公平、激励相容、（缓慢地）动态调整以及法治化等基本原则、适度分权与适度集权相结合等（吕炜，2005；孙晓莉，2007；冷永生，2010；李俊生等，2014）。支出责任划分的差异性则与一个国家的政治制度、历史文化传统以及所处发展阶段密切相关。例如，联邦制国家具有地方自治的传统，因而在架构政府间事权划分时特别注重对地方权力的保障，一般在宪法中明确体现“中央权力列举，剩余权力归地方”的立法精神，与之相反，单一制国家强调中央权威，因而在《宪法》中充分体现了地方政权和政府的权力是来源于中央政权和政府的授权或让渡的宪法理念，体现在事权划分上，一般通过列举地方政权和政府的权力，而将“剩余”权力归属中央所有，即使是出现对地方自治的促进倾向，但大多限制在“有限自治”的原则下（冷永生，2010）。另外，发展中国家的政府支出重点是经济性公共服务支出，而发达国家政府支出责任主要集中在社会保障、健康、教育等社会性公共服务，而且，发展中国家主要让地方政府承担经济发展支出，而发达国家的中央政府和高层级地方政府承担了社会性公共服务主要支出责任（寇铁军、周波，2007；冷永生，2010）。

在关于我国政府间支出责任划分的问题上。学者们从不同视角、多个层面进行了考察。例如，研究者发现，与发达国家相比，中国政府间支出责任划分最突出问题的是责任模糊不清，大量支出责任为各级政府的共同责任，各级政府责任雷同，在结构上表现为中央政府责任“不实”，省级政府“缺位”，地方政府“超负”（李俊生等，2014），具体表现为中央政府没有承担起基本公共服务的供给，甚至将国防、外交、海关等部分事权也分解给地方政府，而省级政府集中了过多的基础建设和经济建设支出，而具有再分配性质的农村扶助支出、区域外溢性较强的基础教育和公共卫生职责过多地由县乡政府承担，主要的社会保障支出则落在地县两级政府（宋立，2005）。于源（2010）也指出，中央与地方事权不清、责任不明突出表现在三个方面：一是政府间职责重叠交叉严重，“中央出钱干地方的事”与“地方出钱干中央的事”的现象并存；二是没有区分好筹资、支用和监管责任，导致政策讨论和制度安排混乱；三是新增支出责任划分缺乏规范的协调机制，由于中央处于强势地位，一旦出现扩展或新增事权时，往往都是上级政府出政策，而下级政府只能被动接受、负责买单。

赵合云（2006）指出，省以下地方政府间也存在自上而下的不规范的或命令式的事权下移现象。成军（2014）基于2011年政府收支分类科目中的支出功能分类和和经济分类科目，得到了类似的发现，他分析了247项财政支出责任的央—地分担格局特征，发现完全由中央承担责任的仅10项，地方承担的161项，央—地共担的则有78项，深入分析发现其中存在两个突出问题：一是事权与责任的不对称，表现为地方政府承担了大量不属于其职责的事项，地方政府职责范围内的不少事项的财力却集中在中央，以及央—地交叉职责交叉严重；二是行政管理体制的集权模式影响了分级财政独立性，具体表现为地方政府支出受上级政策干预过多，上级政府出政策、下级政府买单以及上级政府安排的项目大多需要地方提供配套。此外，周巧娥、焦树超（2003）以石家庄市为例对省市支出责任划分现状的分析，宋立根、成军（2004）对河北以及梁红梅、王辉（2007）对甘肃的省以下地方政府支出责任划分的考察，均得到了类似的发现。

对于如何完善我国的支出责任划分，学者们提出了不同的思路和对策。一种典型的思路主张法治化。在这方面，张小平、廖世忠（2009）建议中央和省级政府采取列举法明确支出责任，其他支出责任归市县，为了进一步增强可操作性，直接按财政支出的类级（个别为款级）科目界定政府间支出责任。李奕宏（2014）持相类似的观点，他认为，我国政府间事权应采用“一上一下”的方式来划分，“一上”是中央有选择性地集中部分全国性公共品供给职能的事权，“一下”就是运用列举的方式明确将纯粹的地方性公共品供给职能赋予各级地方政府，在省、市县地方政府之间划分事权，可采取下级优先原则，即先列举市县职能，市县无力承担的才划归省级，出现跨省的区域性公共事项可由中央来组织协调和实施。郑培（2012）、任广浩（2009）也都认为，在《宪法》和其他法律中采用事权列举法比较适合中国国情。

很多研究者强调了细化支出责任的重要性。齐守印（2003）认为，公共服务的全部责权不宜全部配置在某一级政府，而应根据不同层级政权的优势与能力，将决策、执行、管理、监督每一项责权配置不同级政权机构。唐再富（2006）、于源（2010）指出，在清晰界定事权的同时，要特别注意区分筹资责任、支用责任和监管责任，否则会对央—地之间的责任分担产生错误的判断。Martinez - Vazquez 和 Qiao（2010）认为，每一项公共支出项目的责任都可以分解为多个维度，包括实际的生产、提供或管理，资金筹集以及制定标准、规则或政策。郑培（2012）则认为，各级政府事权的划分，不仅要明确某项事权的整体归属及其在各级政府之间责任的分担，还涉及这项事权的决策、管理与执行、支出和监督等具体职责分工，而且，涉及事权决策与监督的职能应该适当向中央或者省级政府倾斜，支出责任应该适当上移，具体管理或执行要由低级别政府（市、县）负责。

另外，一部分学者则主张简化财政管理层级，认为构建中央—省—县三级财政架构能够规范政府的管制行为，限制事权的交叉重叠，简化和明晰政府间的权责，是优化事权与支出责任划分的前提（赵合云，2006；唐在富，2006；贾康，2007；梁红梅、王辉，2007；许梦博、王泽彩，2014；李奕宏，2014，等）。研究者还认为，财政层级的减少不仅为责任的明确提供了基础，更重要的是进一步凸显省级政府的作用，因为省级政府同时担负了决策、管理、监督及部分公共服务的直接支出责任（郑培，2012）。

也有学者强调中国不能照搬西方的方式、而应根据中国的制度环境来推进政府间事权的划分。刘尚希等（2012）指出，由于我国是单一制国家，各级政府之间是一种委托代理关系，下级向上级负责，国家向人民负责，这一基本国情决定了“中央决策，地方执行”是我国事权划分的总体特征，如果无视这一点，从一开始就否定这种事权划分方式而想另寻他途，不但无助于问题的解决，反而会愈演愈烈。李俊生等（2014）认为，应充分考虑我国的政府治理状况，以中央政府为原点，并以激励相容为核心原则决定支出责任向地方政府延伸（区别与西方财政年理论中的辖区受益或从低原则），各级政府逐步扩大直接向居民提供服务，尤其是较高层级的政府，应当从原有的管理机构逐步转变为公共服务提供的重要环节。贾康（2007）则认为，中国政府间事权划分中最为棘手的是各级政府的投资权问题，中央和地方之间投资权长期存在的纠葛，为各级政府介入生产经营性领域投资留下空间，改革的思路就是明确规定地方政府退出竞争性领域投资，中央政府则有限度地参与竞争性投资（一些特大型、长周期、跨地区的带有战略意义的项目），一旦投资权得到厘清，其他公共产品和公共服务方面的事权便相对好处理。

现有对中国政府间支出责任划分的研究，讨论的问题集中在介绍理论观点、总结国际经验以及提出改革思路等，研究方法主要是规范分析，相关经验证据还相当缺乏。为数不多的研究试图以实际数据揭示支出责任划分存在的问题，但这些证据主要展示了中央与地方的支出责任划分，而地方政府之间尤其是基层之间的支出责任划分证据还相当缺乏。本文建立在现有研究基础之上，着重从经验分析的广度和深度层面寻求突破，对H市展开个案剖析，全面、系统地描述和分析支出责任划分的总体特征。

三、案例介绍与数据来源说明

（一）H市的基本概况

H市位于中国长江三角洲南翼、浙江省北部。H市社会经济发达，乡镇区域民营经济特色鲜明，是全国的皮革、经编、家纺、太阳能、集成灶产业的基地之一。在2014年发布的福布斯中国大陆最佳县级城市名单中，H市名列浙江省内第三、全国第八，是长三角地区最具发展潜力的县市之一，同时是钱塘江北岸实力最强的县市。2014年，H市全市地区生产总值为668.48亿元，按可比价计算，比上年增长7.2%。其中第一产业实现增加值24.93亿元，增长1.3%，第二产业实现增加值383.38亿元，增长7.3%，第三产业实现增加值260.17亿元，增长7.5%。三次产业结构比为3.7：57.4：38.9。按户籍人口计算的全市人均生产总值为99556元，增长6.6%。

H市全市总面积668平方公里，下辖4个街道、8个镇。根据2014年人口变动抽样调查，全市年末常住人口82.31万人，年末户籍总人口67.38万人。

（二）数据来源说明

本研究使用H市2011—2014年一般公共预算、政府性基金预算、国有资本经营预算和社会保险基金预算“四本账”各自的总支出及类级科目支出决算数据，以及市本级及乡镇街道各自所承担的支出规模。上述数据均由H市财政局预算部门提供。

四、H市两级政府支出责任划分的经验分析结果

（一）总体支出责任分担情况

表1报告了2011—2014年H市分四个口径的总体支出规模及其责任分担状况。从表1可以看出，H市支出责任纵向划分的基本格局是，市本级承

担了支出责任的大头，街道乡镇分担的支出责任则相对较小。尤其是社会保险基金支出，全部由市本级财政承担，街道乡镇在这方面不承担任何支出责任。公共财政预算口径的支出也绝大多数由市本级承担，而且，市本级所承担的支出责任份额也较为稳定。较为特殊的是政府性基金预算支出体系，这种特殊性表现为两个层面，首先，政府性基金支出的规模相当庞大，2011—2014年，仅在2012年政府性基金支出规模略低于公共财政预算支出规模，其他年份无一不是政府性基金支出规模高于甚至大幅高于公共财政预算支出规模。其次，政府性基金支出领域的纵向责任划分与公共财政预算支出体系存在显著差异，一方面，市本级承担的支出责任要比公共财政预算体系中的低，也就是说，政府性基金支出的责任明显向街道乡镇下沉了；另一方面，市本级承担的支出责任也不稳定。

表1　H市全口径的总支出规模及其责任分担状况（2011—2014年）

	全市支出（亿元）	市本级支出（亿元）	街道乡镇支出（亿元）	市本级支出占比（%）
2011年				
一般（公共财政）预算支出	39.87	31.12	8.75	78.05
政府性基金预算支出	74.68	43.70	30.98	58.51
国有资本经营预算支出	0.00	0.00	0.00	/
社会保险基金支出	15.76	15.76	0.00	100.00
合计	130.30	90.57	39.73	69.51
2012年				
公共财政预算支出	43.32	33.79	9.53	78.00
政府性基金预算支出	41.94	30.55	11.40	72.82
国有资本经营预算支出	0.00	0.00	0.00	/
社会保险基金支出	19.38	19.38	0.00	100.00
合计	104.64	83.71	20.93	80.00
2013年				
公共财政预算支出	51.19	40.63	10.56	79.37
政府性基金预算支出	67.39	45.70	21.68	67.82
国有资本经营预算支出	0.00	0.00	0.00	/
社会保险基金支出	23.72	23.72	0.00	100.00
合计	142.30	110.05	32.24	77.34

续表

	全市支出（亿元）	市本级支出（亿元）	街道乡镇支出（亿元）	市本级支出占比（%）
2014 年				
公共财政预算支出	60.68	46.11	14.58	75.98
政府性基金预算支出	78.34	44.45	33.89	56.74
国有资本经营预算支出	0.83	0.83	0.00	100.00
社会保险基金支出	30.17	30.17	0.00	100.00
合计	170.03	121.56	48.46	71.49

注：乡镇街道支出包含派出机构的支出。

（二）具体项目的支出责任分担状况

区分“四本账”，虽然有助于我们判断 H 市不同预算体系下的总体支出责任分担情况，但这还远远不够。从实践的意义上来讲，仅仅掌握总体支出责任的分担状况，不足以为支出责任划分的进一步完善提供可行的操作路径，例如，市本级财政应该在哪些领域承担起应该承担的责任，甚至承担更大的支出责任？哪些领域的支出责任又可以进一步移交给街道乡镇？实际上，理论上也要求我们分门别类地考察不同项目的支出责任，因为不同的公共品和公共服务，由于自身的性质（如外部性、信息复杂程度）以及政府再分配的诉求等原因，其财政支出责任的划分情况通常都需要一定的差异性，有些支出项目需要更多地由基层政府来承担和实施，而有些项目则需要更高一级的政府来承担。

根据前一部分对总体支出责任的描述，由于 H 市从 2014 年才开始统计国有资本经营预算支出，而且支出规模也很小，因此，我们对国有资本经营预算的具体支出项目不展开分析。而社会保险基金支出责任在任何一年均全部由市本级承担，这也意味着其具体项目的支出责任也全部由市本级承担，[①] 因而，我们也没有必要对社会保险基金具体项目的支出责任展开进一步讨论。如此一来，我们对分项目支出责任的探讨就聚焦在一般公共预算支出和政府性基金预算支出。由于财政支出存在“类—款—项—目”多级科

① 事实也的确如此，2011—2014 年，包括基本养老保险基金支出、基本医疗保险基金支出、失业保险基金支出、工伤保险基金支出以及生育保险基金支出这五大社会保险基金在内的社会保险基金支出，全部由 H 市市本级财政承担。

目，全面展开分析较为困难，也无必要。我们的思路是，对于类级科目的支出责任分担状况，进行全面梳理，而对于款级以下的支出科目，我们选择性地展开分析。

1. 一般公共预算支出具体项目的支出责任划分

表2报告了H市一般公共预算支出中各类级科目的支出规模及其责任分担状况。首先，我们不考虑支出责任的划分，简单观察并对比下各类支出项目的规模（即表中的“全市支出”），以便在总体上把握H市一般公共预算支出的资金流向。显而易见，教育支出无疑是H市财政开支的重中之重，2011—2014年，全市总支出中有1/4之多都投入教育领域。一般公共服务支出的规模也较大，占全市总支出大约13%，表明相当部分的财政资金用在了维持行政机构的运转上。接下来的则是城乡社区事务、农林水林事务、医疗卫生、公共安全、交通运输、社会保障和就业等公共服务项目，它们各自的支出规模虽然不及教育和一般公共服务，但也都是H市财政职能的重要组成部分。值得注意的是，有几个领域的支出规模非常小，包括国防、商业服务业等事务、金融监管等事务、国土资源气象等事务以及粮油物资管理等，而且，这些领域的支出责任基本都由市本级财政承担。实际上，上述几个领域的事务都具有明显的强外部性特征，受益范围也远远超过了H市所在的辖区范围，因此，在理论上，此类事务的支出责任本就应当由更高层级政府承担。总的来说，H市的财政支出基本上都用在了与民生息息相关的公共服务领域及保障行政机构的运转。

表2　H市一般公共预算各类级科目支出规模及其责任划分

	全市支出（亿元）	市本级支出占比（%）	全市支出（亿元）	市本级支出占比（%）	全市支出（亿元）	市本级支出占比（%）	全市支出（亿元）	市本级支出占比（%）
年份	2011	2011	2012	2012	2013	2013	2014	2014
一般公共服务	5.87	64.34	6.29	66.87	7.37	70.44	6.37	61.00
国防	0.09	100	0.09	100	0.10	100	0.12	100
公共安全	2.71	100	3.05	98.99	3.67	91.03	3.91	88.68
教育	10.1	98.57	11.65	97.11	13.96	97.22	15.16	96.29
科学技术	1.81	88.56	2.05	89.53	2.43	90.30	2.90	77.35
文化体育与传媒	1.24	82.62	1.18	79.83	1.40	86.05	1.76	87.00

续表

	全市支出（亿元）	市本级支出占比（%）	全市支出（亿元）	市本级支出占比（%）	全市支出（亿元）	市本级支出占比（%）	全市支出（亿元）	市本级支出占比（%）
社会保障和就业	1.73	61.65	2.09	63.17	2.34	67.10	3.14	73.43
医疗卫生	2.73	80.73	2.31	68.65	2.96	79.26	4.52	80.63
节能环保	1.44	95.57	1.30	98.63	2.37	93.12	2.77	70.73
城乡社区事务	3.75	16.58	4.15	24.03	4.75	24.30	6.17	21.24
农林水事务	3.32	76.05	3.77	77.40	4.72	77.66	5.84	78.63
交通运输	2.14	99.81	1.85	100	2.25	100	2.37	99.75
资源勘探电力信息等事务	1.29	48.11	1.59	41.59	1.31	32.56	2.54	50.06
商业服务业事务	0.74	100	0.93	100	0.40	100	1.07	89.57
金融监管事务	0.02	100	0.02	100	0.02	100	0.04	100
国土资源气象事务	0.02	82.58	0.01	100	0.09	100	0.25	100
住房保障支出	0.58	82.38	0.65	82.93	0.57	77.62	1.37	88.75
粮油物资管理	0.06	100	0.03	100	0.11	100	0.03	100
债务付息支出	0.00	/	0.00	/	0.09	100	0.11	100
其他支出（类）	0.17	23.35	0.21	65.56	0.05	58.85	0.03	3.34

接下来，我们对主要类级支出科目的支出责任分担情况展开进一步分析。从表2中可以看到，只有城乡社区事务与资源勘探电力信息等事务两类项目的支出责任，市本级承担的责任较少外，其他各类重要项目的支出责任均主要由市本级财政承担，尤其是在公共安全、教育、科学技术、节能环保以及交通运输领域，支出责任基本上都是市本级承担的。由于市本级承担了各主要支出项目的主体责任，这也直接导致了市本级财政在一般公共服务支出上也占据了“大头”。

图1直观地展示了市本级财政在各主要类级科目支出中所承担责任的排序。我们认为，对于那些市本级财政已经承担了绝对份额的项目，包括交通运输、公共安全、教育以及节能环保等，进一步调整支出责任划分的空间已经微乎其微。重要的是，对于那些市本级财政支出责任占比不太大或者占比

偏小的项目，我们需要思考是否存在进一步调整完善的空间。这首先还是要根据公共服务的相关特性，诸如信息复杂程度、外部性程度以及受益空间等作出判断。另外，由于我国在过去十年间先后推动实施了取消农业税、“乡财县管”、义务教育经费新机制等重大改革措施，乡镇一级的政府职能已大大虚化，因此，乡镇一级政府理论上不应承担过多的责任，而城市街道的财政自主权也非常有限，传统上对街道财政的认识是“半级财政”，理论上也不应承担过多责任。

基于这样的认识，我们认为，社会保障和就业的支出责任配置存在进一步完善的空间。因为社会保障和就业中的最低生活保障、失业救济等开支，具有公平分配的目标，信息也不复杂，理论上不应由最低层级的街道或乡镇政府来履行相应的责任，由市本级财政承担是更为合适的。实际上，针对社会保障和就业支出的款级支出科目数据发现，H 市目前的城乡居民最低生活保障支出几乎完全是由街道乡镇负责的，可见，这一点亟须改变。为了深究资源勘探电力信息等事务中市本级支出责任占比偏低的原因，我们发现款级科目“支持中小企业发展和管理支出”的支出规模较大，且主要由街道乡镇政府负责，我们认为，这一格局需要扭转。对于城乡社区事务，由于与社区居民的生活密切相关，相关支出尤其是社区服务设施的提供具有明显的地域性特征，信息复杂程度高，理论上的确适合由街道乡镇来履行这方面的责任。但是在城乡社区的整体规划、管理与监督方面，却更适合由于市本级财政负责，因为这些具体事务的受益面较广。

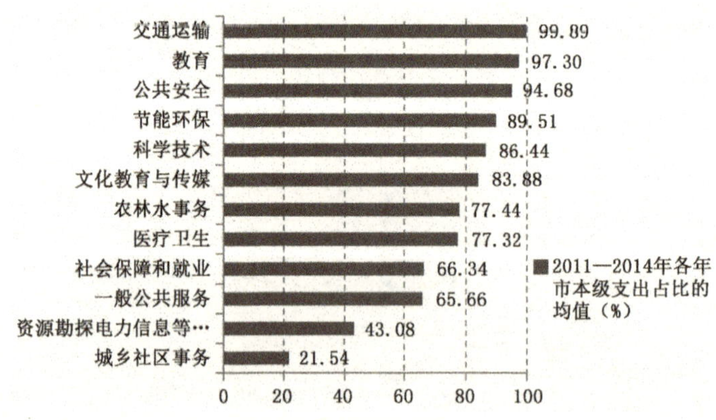

图1　H 市一般公共预算中主要类级科目的市本级财政支出责任排序

2. 政府性基金预算支出具体项目的支出责任划分

表 3 报告了 H 市政府性基金预算支出中各类级科目的支出规模及其责

任分担状况。首先可以看到，政府性基金预算支出的绝大部分（90%以上）都用在了城乡社区事务，而用在其他领域的支出都非常有限。与此同时，从支出责任的分担来看，市本级支出占比平均为61.88%，这一比例远远高于一般公共预算体系中市本级财政在城乡社区事务中的支出占比21.54%。由此可见，对于城乡社区事务，虽然在一般公共预算支出中的责任是分权化的，但在政府性基金预算体系中则趋于集权化了，这一定程度上弥补了市本级财政在这一领域支出责任上的不足。不过，从长远来看，为了更为系统、稳定地分担市本级与街道乡镇的支出责任，政府性基金预算体系应当整合到一般公共预算体系进行统筹使用。

表3　H市政府性基金预算的各类级科目支出规模及其责任划分

	全市支出（亿元）	市本级占比（%）	全市支出（亿元）	市本级占比（%）	全市支出（亿元）	市本级占比（%）	全市支出（亿元）	市本级占比（%）
年份	2011	2011	2012	2012	2013	2013	2014	2014
教育	0.69	92.66	0.44	86.46	1.34	95.41	1.68	94.12
文化体育与传媒	0.02	100	0.02	100	0.05	100	0.12	95.64
社会保障和就业	0.13	100	0.15	100	0.42	96.43	0.91	100
城乡社区事务	71.37	56.72	39.04	71.36	62.69	65.84	72.35	53.59
农林水事务	0.94	100	0.91	100	1.07	100	1.67	94.36
交通运输	0.00	/	0.15	100	0.03	100	0.00	/
资源勘探电力信息等事务	0.00	100	0.01	100	0.01	100	0.15	97.02
商业服务业等事务	0.01	100	0.00	/	0.00	/	0.00	/
其他支出	1.51	97.20	1.22	86.94	1.78	89.34	1.45	92.49

五、主要结论与政策含义

本文以浙江省H市2011—2014年“四本账”的全口径支出数据为基础，全面梳理并评估了H市市本级与街道乡镇事权与支出责任的划分状况。得到了以下三个重要的发现：第一，H市的一般公共预算支出和社会保险基金支出的责任划分较为稳定或相当稳定，但政府性基金支出责任划分波动较大，而且，政府性基金支出规模大幅高于一般公共预算支出规模，这直接导致了H市两级政府支出责任划分整体上的不稳定；第二，从类级支出科目来看，一般公共预算支出中各支出项目的支出责任划分总体较为合理，但在城乡居民最低生活保障方面的支出责任目前基本上由乡镇街道承担，较为不合理；第三，政府性基金预算支出的绝大部分使用在城乡社区事务，由此导致政府性基金预算的城乡社区事务支出责任划分与一般公共预算的城乡社区事务支出责任划分存在较大冲突。针对上述研究发现，本文提出，在完善基层政府之间的支出责任划分上，首先应统筹综合考虑政府所支配的所有“四本账”支出，对不同预算体系中相同或相近支出项目的支出责任划分进行统一界定，打破支出责任划分在不同预算体系中的碎片化格局，由此形成支出责任划分相对稳定的格局，在此基础上，将基本公共服务保障支出责任上收到县级政府，而相关社会管理的支出责任则更多地可以由乡镇街道来负责。

参考文献

[1] Oates, W. E., 1972. Fiscal Federalism. New York: Harcourt Brace Jovanovich.

[2] Calsamiglia, X., Garcia - Milà, T., and T. J., McGuire, 2013, "Tobin meets Oates: solidarity and the optimal fiscal federal structure", International Tax and Public Finance, Vol. 20, Issue 3, pp. 450 - 473.

[3] 国家发改委宏观经济研究院课题组. 我国各级政府公共服务事权划分的研究. 2005 (26).

[4] 冷永生. 中国政府间公共服务职责划分问题研究. 财政部财政科学研究所博士论文, 2010.

[5] 李俊生, 乔宝云, 刘乐峥. 明晰政府间事权划分, 构建现代化政府治理体系. 中央财经大学学报, 2014 (3).

[6] 李奕宏. 我国政府间事权及支出划分研究. 财政研究, 2014 (8).

[7] 宋卫刚．政府间事权划分的概念辨析及理论分析．经济研究参考，2003（27）．

[8] 齐守印．论政府间支出责任的优化配置．财贸经济，2003（2）．

[9] 郑培．新时期完善我国政府间事权划分的基本构想及对策建议．地方财政研究，2012（5）．

房价的持续高涨源于地方政府对土地财政的依赖吗？[①]

——基于大中城市面板数据的实证研究

耿立娟[②]

摘　要　房价持续高涨和土地财政规模日益扩张双重背景下，考虑到土地财政对地方政府存在财政、经济和政治三重激励，人们一直怀疑地方政府在房地产市场中的目标追求和房价形成机制中所起作用，以及地方究竟有无动力贯彻执行调控政策。本文通过对我国35个大中城市2003—2008年面板数据的实证分析，从规模总量、依赖程度、土地交易价格三个维度细致考察土地财政对房价形成所起作用，研究发现土地财政和房价存在双向因果关系，近年来房价持续高涨中存在明显的政府驱动，进一步把政府因素和供求力量进行对比分析，得知我国房价高涨的决定性力量在于强劲的需求，结论表明：(1) 调控房价的一个可行路径是弱化现行财政体制下地方对“以地生财”短视发展模式的依赖，长期看来中央地方利益分配机制的调整和科学发展模式的构建则是政府职能角色理性回归的重要路径；(2) 在适当增加供给、规范政府行为等配套措施下，区分各类性质的需求，进而合理引导和针对性调节是重中之重，而政府调控之外，长效机制的建立则是解围高房价困境的出路所在。

关键词　房价决定　制度激励　土地财政　政府驱动　需求过旺

一、引　　言

我国房地产业自1998年进入市场化改革后发展迅速，近年来已成为国

① 本文为2014年杭州市社科规划课题“后土地财政时代地方财政能力研究——基于浙江省的调查研究”（项目编号：D14YJ03）和2014年浙江省社科联重点课题“后土地财政时代地方财政能力研究——基于浙江省的调查研究”（项目编号：2014Z036）研究成果。

② ［作者简介］耿立娟（1987—　），河南周口人，浙江财经大学东方学院财政系讲师。

民经济的支柱性产业，并带动相关60个左右的行业发展，形成了严密的产业链，推动了地区经济繁荣。但同时，其超越经济基本面的快速发展带来的社会问题也不容忽视，尤其是近年来房地产市场出现投资过热、房价高企、涨速过快现象。遥不可及的房价严重透支百姓的未来消费能力，“买房难”成大多数人的心头之痛。尤其在我国“民有所居”传统理念的影响下，民众消费性需求趋于刚性，投资性市场也异常火热，高房价难题在快速城市化进程中日益凸显和逐渐放大，由此引发民生问题。伴随房地产市场的非理性繁荣，地方政府的土地财政发展模式也逐渐升温为社会焦点。当前政府利用对土地资源的垄断控制权和经济决策权从房地产市场中获取了巨大收益，据此社会舆论一致认为政府盲目追求财政收入和经济增长的目标致使其在房地产市场中扮演利益攫取者的角色，显然这一目标追求严重背离了政府的公共服务职能和增进社会福利的本分。

学术界也对高房价问题中的政府因素给予了广泛关注，多个学者从理论上分析得出政府助推了房价高涨。余壮雄等（2010）研究表明，来自政府支持的原因可以解释我国房价上涨的6成，并指出我国近10年来房价的大幅上涨，在各驱动因素中，地方政府对房地产业的支持是主导；高兴波、张前荣（2011）指出，地方政府对土地财政收入的依赖是房价积重难返的症结所在；周彬、杜两省（2010）表明，当前情况下，土地供应端的价格不发生本质性下降，房价只能暂时得到抑制或难以下降。高房价问题关系到民生和社会稳定，也引起了政府的高度重视。2003年以来，国家密集出台一系列房地产市场宏观调控措施，广泛涉及土地、信贷、财政税收、供应结构、住房保障等方面，多轮政策打压高房价，尤其在2010年，“新国十条”等的出台，因涉及面广、调控力度大、影响空前深远，一时被称为“有史以来最猛烈的房价调控组合拳”。尽管中央和地方政府一再努力，火热的房地产市场依然高温难降，多个地方出现“量价齐涨”的现象。回顾近年来的调控政策，不难发现一条清晰的主线是抑制需求，特别是2007年央行五次加息，花费大幅笔墨着手调控需求。如果高房价症结在地方政府，而目前调控又针对需求，这就造成调控与现实不匹配，调控无力也在情理之中。过高的房价激化社会矛盾、阻碍产业优化升级和导致经济结构不合理等严重后果，随着高房价带来的社会民众情绪已逐步显露，澄清这一问题迫在眉睫。因此，研究我国房价决定机制，以及在房价高企的背后，其决定因素如何发挥作用，对认识和解决房价持续高涨问题具有重要指导意义，此外，对分析近年来调控措施为何收效甚微也有很大现实意义，以期为制定合理、有效的房地产市场调控政策提供新思路，促进我国房地产业持续、健康、稳定发展。

对于房价决定机制，国内已有研究主要分为以下五个层面：（1）供求因素：吴航、窦尔翔（2007）认为我国房地产市场有效供给不足，尤其是房屋供给结构的不合理推动了房价上涨和市场泡沫增多；也有学者认为城市化效应催生大量需求，导致供不应求，使房价持续上涨。（2）宏观经济基本面：沈悦、刘洪玉（2004）利用1995—2002年中国14城市数据，研究认为14城市基本经济面的当前或历史信息均可部分解释住宅价格水平或者变化率，但随着时间推移，解释能力在减弱；崔光灿（2009）基于我国31个省级面板数据，分析得出宏观经济因素中利率和通货膨胀率对房地产价格有显著影响，且收入这一宏观经济变量在中长期也决定房地产价格；但余华义（2010）研究发现我国房价与经济基本面缺乏基本对应关系。（3）政策视角：梁云芳、高铁梅（2007）利用省级面板数据，分析了货币政策对房价影响的区域差异；余华义（2010）利用1998—2008年我国35个大中城市面板数据，指出房价在很大程度上受到政策影响，且在房地产宏观调控前后发生了结构性变化。（4）体制、利益集团方面：一些学者研究指出房地产热的发生，是相关利益主体合谋的产物，其中房地产集团和地方政府的联盟合作十分关键，而地方政府介入房地产市场，对房价有直接或间接的推动作用。（5）Tiebout效应：梁若冰、汤韵（2008），邵挺、袁志刚（2010）通过对我国35个大中城市面板数据的经验分析，发现城市公共品供给水平对房价有显著正面影响，指出我国城市房价存在明显的地方公共品供给资本化效应。此外，很多学者针对我国城市房价和地价的关系和相互作用机理进行研究，较为普遍的研究方法是通过面板数据建立误差修正模型（ECM），然后进行Granger因果检验和回归分析，但由于选取数据和实证过程的差别，得出的结论也有差异。

由前述分析可知，目前关于房价决定机制的研究只注重单维因素的影响，存在的明显不足是相当局限且不够系统的，特别是对政府因素的研究很大程度上局限于从经济学视角上理论分析，鲜有深入发掘并以实证研究作支撑，至于影响因素间的比较分析更是罕见。不难发现，在房价决定机制中，地方政府这一重要角色的职能作用不容忽视，在房地产市场上其影响着土地供应、银行信贷和政策的具体执行实施，这些因素决定了客观全面地探究房价问题，必须把地方政府纳入研究框架深入分析。尤其是在我国城镇土地国有前提下，土地财政作为地方政府在房地产市场上实现利益的重要工具，通过土地与房价决定有着千丝万缕的联系，且在房价持续高涨背景下，人们也一再把矛头指向土地财政，由此研究土地财政与房价决定机制的关系十分必要。但目前研究两者关系的文献可谓凤毛麟角，本文力图弥补这一不足，利用我国35个大中城市2003—2008年的面板数据，对地方热衷的土地财政与房价的关系进行经验分析，深入研究两者内在逻辑关系和作用机理。

围绕上述问题和不足，通过对已有文献的归纳梳理和理论分析，本文首先分析地方政府利用土地介入并作用房地产市场的制度背景、驱动因素及影响条件，其次通过实证研究检验土地财政是否推动房价高涨，比较房价形成中各因素的影响程度。与以往研究相比，本文贡献主要体现在：（1）把土地财政作为政府驱动因素引入房价决定机制，并从三个维度进行量化呈现，细致考察其在房价形成中的作用，同时多维度分析确保了结论的稳健性；（2）通过内生性检验，证实土地财政和房价存在双向因果关系，并在Hausman检验的基础上采用2sls方法控制房价决定模型中存在的内生性，避免估计偏差；（3）在房价形成中综合考虑需求、供给、政府因素，并进行比较分析，从中分离出近年来影响房价的决定性因素，为决策者采取针对性调控措施提供政策依据。

二、政府介入房地产市场的制度激励

房地产作为不动产的一种，其难以转移性造成显著的地域差异。在房地产市场中，地方政府的行为和角色至关重要：首先是作为土地一级市场上的垄断供给者，决定土地资源的供应总量和结构，从上游影响房地产市场；其次是地方经济公共财政的代理人，同时是全国性政府部门的一级子机构（龚强等，2011），肩负着发展地方经济、投资基础设施建设、落实和执行中央政府政策的责任，在房地产价格调控中起着关键作用。这两个角色决定了地方政府在房地产市场中的行为出发点。但出于对政府在房地产市场中自利行为的怀疑，在当前民众热议高房价的氛围中，社会舆论一再把地方政府推向风口浪尖，同时作为其攫取利益的重要手段——土地财政也难逃干系，在房价高涨和天价地王频出双重背景下，成为众矢之的。

（一）制度背景

土地财政是我国城市化进程中的一个典型现象。目前，土地财政在地方财政收入中占据重要地位，并已逐步发展成为名副其实的“第二财政”，各大中城市周边农地非农化进程加速，也说明土地财政已成为许多城市热衷和强烈依赖的经济发展模式。从政策层面上看，地方政府强烈依赖土地财政、热衷发展房地产业有着特定的体制和制度背景。

在现行财税体制下，地方政府面临财政困境，1994 年中央实施的以“收入集权”为基本特征的分税制改革，产生“财权上收、事权下放”的政策效应，地方在财政收入急剧减少的情况下却面临更多支出责任，财权事权不匹配，收支严重失衡，有些地区甚至陷入“吃饭财政”困局。加上长期以来我国财政转移支付制度不完善，地方又缺乏税收自主权，在多重约束下，地方政府只能在制度框架内最大化财政收入，而我国城镇土地国有和土地出让收益划归地方所有的制度背景为地方政府通过土地资源最大限度地获取预算外及制度外收入提供了可行路径。卢洪友等（2011）研究指出，土地财政的根源在于分税制改革带来的基层政府财政困难，地方政府实施土地财政实属缩小地方真实财力缺口、提高公共服务水平的“无奈之举”。通过发展房地产业，地方政府既能实现土地财政，又能获取可观税费收入，弥补财政支出缺口，解决财政欠收难题。在快速城市化进程中，房地产业因拉动性强、收益快、获利高等特点，一直备受地方政府青睐。不仅如此，房地产业的发展还能解决社会群体就业问题，促进其他产业的发展，为地区经济增长创造了良好条件。因此，在房地产市场中，地方能获得丰厚的财政和经济收益。

政治晋升激励也是地方极力发展房地产业的重要驱动因素，当前的绩效考核机制决定地方官员必定会大力发展房地产业以在政治竞争中增加实力。地方官员竭尽全力寻求晋升机会，千方百计在政绩考核中增加筹码。长期以来我国对政府官员的考核注重地方经济增长等显性指标（易量化），而忽略地方公共品供给能力、公共服务质量、社会保障体制建设及民生等隐性指标（难衡量），由此确立以 GDP 增长率为核心指标、“重经济绩效、轻公共服务”为典型特征的考核机制在促使地区官员展开激烈竞争、实现辖区经济快速增长的同时，也对地方官员产生激励扭曲效应，造成地方盲目追求经济增长、大量重复建设、产业结构失衡等严重后果。地方政府短视发展观的表现之一是在现阶段城市化过程中集中力量“经营土地、经营城市”，热衷房地产业，大兴造城运动，地方经济很大程度上由建筑业、房地产业拉动。当前房地产业带来的相关收入已成为地方政府的重要财源，房地产投资在固定资产总投资中所占比例一路攀升，但这一不可持续的发展模式是区域经济的隐患。

在追求政治升迁的过程中，同级地方官员之间展开了激烈的竞争。地方官员要在“晋升锦标赛”中脱颖而出，必须在绩效考核中占据优势。在“标尺竞争”背景下，地方政府需要更多财力去完善基础设施建设以改善城市环境，提升公共品供给能力和公共服务质量，为引进人才和吸引投资创造良好氛围，进而在竞争中凸显相对优势。所需资金大部分用于提供基础设施，因基础设施投资存在周期长、收益慢、前景不明朗等缺点，目前虽然部分领域已由市场介入提供，但整体看来政府仍是提供主体。在财力有限这一约束下，地方政府竭力追求预算外和制度外收入以弥补财政收支缺口。

上述分析表明，地方政府在财政、经济和政治三重激励诱惑下，必定会利用自身权力和能力作用于房地产市场，以便从中获取更多收益。地方政府能在房地产业中获得如此之多利益，希望看到的是繁荣的房地产业，必定会通过相关政策支持鼓励其发展。

（二）影响条件

在房地产市场上，正规的制度安排和潜在的机制设计都赋了地方很大的权力和很高的决策自由度（梁若冰，2009）。地方政府能够影响房地产市场的一个重要条件是我国特殊的土地制度——城镇土地国家所有以及农村土地集体所有。与土地私有化国家相比，我国政府对土地资源掌握更大的支配权力，对房地产市场的干预频率和强度都相当显著（余华义，2010）。在这一土地制度下，城镇土地需求方只能通过一次性缴纳土地出让金获得一定年限的土地使用权。在土地一级市场上，地方政府垄断供给，掌握绝对权力，甚至供地总量都受限于地方财政约束，况且现有土地征用制度和征地补偿制度中因个别条例界定模糊，[①] 为政府利用自由裁量权谋求利益提供了足够空间；而利益另一方农民则处于绝对不利地位，失地农民利益诉求机制的缺失，致使多数情况下他们只能被动接受强制征用、低价补偿的现实。我国现行土地所有制度、征用制度和征用补偿机制都为地方政府滥用职权、进行大规模土地出让提供了极大可能。对地方政府来说，“低价征用、高价出让”极易实现，利用对城镇土地的一级垄断权和自由裁量权，一方面在职权范围内权力寻租，擅自改变土地利用状况和程度，与房地产开发商、信贷机构等结成联盟，为实现利益达成共谋，甚至不惜为获取部门或个人利益铤而走险；另一方面，牺牲大众利益，肆意扩大土地出让规模，强制征地、暴力拆迁事件频发，失地农民的就业途径和生活状况堪忧。在地区经济快速增长和城市化进程突飞猛进的同时，大多数人却游离在城市化的边缘，为住房问题所困扰，基本权益得不到保障，更分享不到城市化成果。

此外，地方分权自治的制度设计也为地方政府影响房地产市场提供了可乘之机。我国实施基层分权改革，在垂直管理体制中，实现财权和经济管理权的

---

① 如对征地条件的规定是“为了公共利益”，但相关文件对“公共利益”并无明确界定。

下放，这赋予地方更多的权力和自由，使地方政府可以根据当地经济发展和社会环境决定职能定位和发展战略（才国伟等，2010）。分权的程度也大，地方政府将面对更大程度的决策自由。在地方分权自治条件下，土地逐渐成为区域竞争的工具。“低价工业化、高价城市化”是其常用策略，靠廉价土地招商引资，以工业化带动城市化，拉动房地产业蓬勃发展，进而增加城市经营性用地出让金收益。在政府掌握绝对控制权和支配权的条件下，潜在的寻租机会也暗示官员自身能从中获取经济利益，这些对地方政府和官员自身来说都是巨大诱惑。

三、典型事实与理论假说

上述分析表明，出于财政增收、经济增长、政治升迁的目的，地方政府都有发展并作用于房地产市场的内在激励，且现有的制度安排也为地方政府介入和影响房地产市场提供条件。以下将结合近几年我国土地交易市场上存在的典型化事实，进一步分析房地产市场中存在的政府驱动。

（1）在房地产市场中，土地供应行为方面，“招拍挂”出让在总出让中宗数、面积占比一路走高，如图1、图2所示。

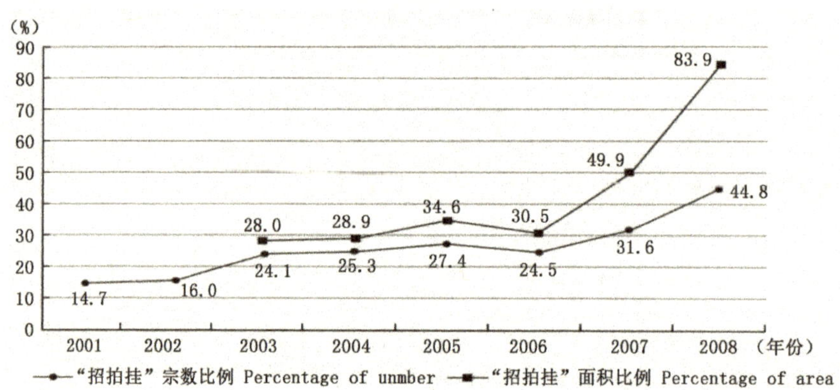

图1　国有土地“招拍挂”出让在总出让中宗数、面积占比

资料来源：《中国国土资源统计年鉴》。

地方政府的土地供应行为，具体表现在土地供应面积、交易价格、供应结构等方面。在土地供应中，加大“招拍挂”出让在总出让中所占比重是政府的常用手段，因为“招拍挂”价高者得的原则下，交易更具竞争性，土地资产的市场价值能得到充分体现。此外，政府凭借在土地市场上的决策权，对土地采取“非饱和”供应，造成土地紧俏的局面，这将改变需求者

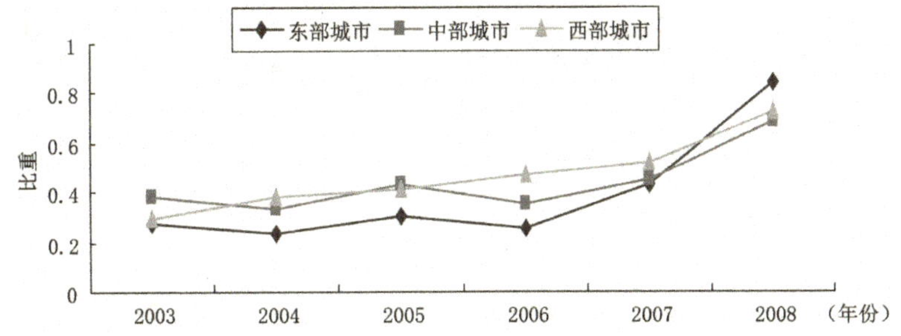

图 2　各地区大中城市国有土地“招拍挂”出让在总出让中面积占比

注：在此东部城市包括：北京、天津、上海、沈阳、大连、石家庄、济南、青岛、南京、杭州、宁波、福州、厦门、海口、广州、深圳；中部城市：哈尔滨、长春、太原、合肥、郑州、武汉、长沙、南昌；西部城市：乌鲁木齐、成都、昆明、西宁、兰州、银川、西安、贵阳、南京、呼和浩特、重庆。

资料来源：根据历年《中国国土资源统计年鉴》整理。

的判断和预期，房地产开发商积极囤地，放大短时期内土地需求，在供给有限的情况下，这进一步拉动地价上升。

（2）从土地利用行为的规范程度上考虑，一个引人注目的现象是近年来土地市场上违法犯罪事件频发，涉案土地面积不断攀升，土地市场上滋生权钱交易、权力寻租等腐败行为。

图 3 为我国 35 个大中城市土地违法犯罪频率和违法犯罪程度示意图，从中易知近年来土地市场上不仅犯罪频率增加，而且违法犯罪程度也趋于严重。这说明土地市场上交易主体行为不规范问题亟待解决。

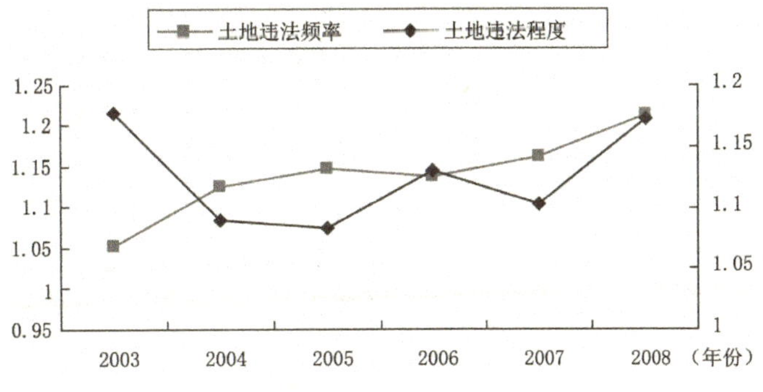

图 3　各省市土地违法犯罪相对水平

注：相对水平指各省市历年对应指标绝对量与 6 年来的平均值之比。其中，违法犯罪频率和程度分别用违法犯罪宗数、违法犯罪涉案面积衡量（参照梁若冰：财政分权下的晋升激励、部门利益与土地违法，2009）。

资料来源：由历年《中国国土资源统计年鉴》整理得出。

在土地利用过程中，地方政府经常为了自身利益擅自改变土地用途和规划利用面积，近年来土地市场上频发的土地违法犯罪事件就是土地腐败加剧的有力证据，而在土地腐败中，地方政府则是违法犯罪主体，即使一些案件中企业是主体，一定程度上也是由地方政府监管不力、视而不见等间接纵容引起的。巨大风险下隐藏着丰厚的利益，所以地方政府才经常铤而走险。在土地增值收益分配中，地方政府滥用职权、与民争利，以牺牲农民利益为代价，在参与博弈的政府、失地农民和土地需求者利益三方中，成为最大赢家。这些都表明，在土地市场上，地方政府为获得更多自主性财政收入，不惜扭曲自身行为。

（3）土地收益中用于城市公共设施上的投入逐渐增加。

土地出让成交价款中一定比例用于城市公共设施投资。城市公共设施是现代化城市的重要组成部分，主要包括市政工程设施、公用事业设施、园林绿化设施。通过加大公共设施投资力度，客观上提高了城市的公共服务质量和舒适程度，改善城市居住条件和优化投资环境。在 Tiebout 效应下，居民“用脚投票”，在地区间自由流动，催生更多住房需求和投资需求，进一步拉动城市经济发展，使其在区域竞争中更易胜出。在年鉴中“土地开发投资”这一指标衡量“生地”开发成“熟地”[①] 的投资，是地方公共设施投资的重要反映，由图 4 易知地方用于土地开发投资的费用明显增加。

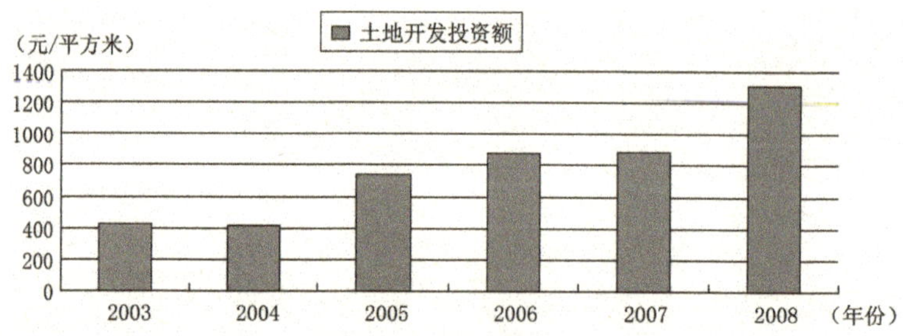

图 4　35 个大中城市单位面积土地开发投资额水平

资料来源：历年《中国房地产统计年鉴》。

以上事实证明地方政府通过土地直接或间接作用于房地产市场，那么衡量房地产市场发展状况的重要指标——房价与土地财政究竟有无联系，若有两者作用机制如何？结合目前房地产市场上存在的两个现象：一边是房价的

① 指土地平整和土地前期开发过程，包括路通、水通、电通、场地平整等“七通一平”和原有建筑物拆迁等。

一路攀升、居高不下；另一边是地方政府如火如荼地经营土地，图 5 所示为我国 35 个大中城市 2003—2008 年①土地出让纯收益②与房价散点图，显现出的正比关系不禁引发人们思考，在土地财政规模日益扩张和房价持续高涨现象的背后，是不是蕴藏着某种必然联系？

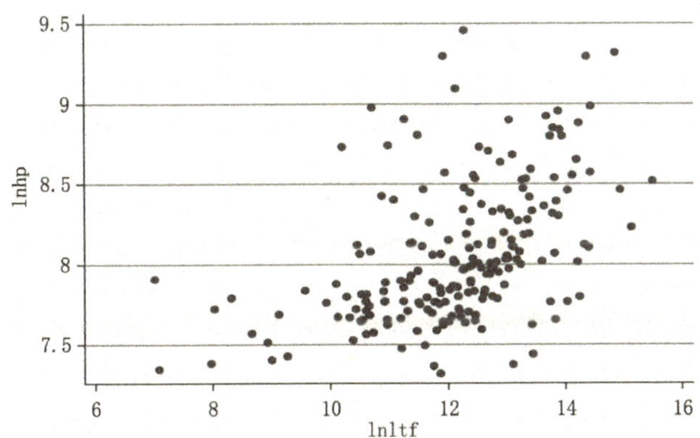

图 5　2003—2008 年 35 个大中城市房价与土地出让纯收益散点图

资料来源：历年《中国国土资源统计年鉴》、《中国房地产统计年鉴》。

基于这种考虑，本文第四、第五部分将对地方政府影响房地产市场的重要渠道——土地财政和房价的关系进行系统探究，重点就土地财政的量化指标与房价的关系进行经验分析，力图检验得出土地财政对房价的影响机理和作用效果。

除土地财政代表的政府因素外，影响房价的还有市场因素，房地产市场中影响供给和需求的因素，最终都会影响房价水平，如城市化水平、新增商品房数量等，针对上述理论分析和已有研究，结合房地产市场中出现的典型化事实，对城市房价的可能性影响因素提出如下理论假说：

假说一（土地财政和房价双向影响）：政府追求土地财政会推高房价，而房价高涨也会助推地方政府的土地财政行为，两者存在双向因果关系。土地出让金和土地相关税费收入的巨大诱惑会刺激政府联盟开发商推高房价以实现利益共享，而高企的房价会持续形成高涨预期，促使开发商更大的热情开发投资，引致对土地的需求，从而政府更易实现“以地生财”。

假说二（土地财政依赖程度）：在现行财政体制下，对土地财政依赖性越强的城市，相应房价水平越高。理论上对土地财政依赖程度越强，地方财

① 样本为 35 个城市，时间跨度为 6 年，共 210 个样本点。

② 指政府获得的土地出让成交价款中扣除政府支付的土地取得成本（如征地拆迁等费用）和土地开发成本后的余额。

政中土地财政收益占比越高，对应财政自给能力显现不足，则在谋求部门利益和官员自身利益的目标函数下，地方政府产生更为强烈的卖地冲动和介入并控制房地产市场的内在激励，从而越有动力推动房价上涨和房地产市场非理性繁荣。

假说三（“招拍挂”出让价格）：房地产开发商通过“招拍挂”有偿出让方式拿地价格越高，对应房价水平也越高。在我国土地供应短缺和商品房供不应求的状况下，地价作为房价的成本构成因素，上涨部分极易转嫁到消费者身上，引发房价水平上升。

假说四（城市化水平）：城市化程度和商品房价格正相关。一般城市化水平越高的地方，对应市场发育越完全，有良好的投资环境，这将催生房屋需求；同时这些地区有较为完备的公共设施建设，吸引大量外来就业人员，住房需求大量涌现，在供求双方力量作用下，房价高位运行。

假说五（供给状况）：土地供应量和新增商品房数量都会影响房价。土地供应量的增加能缓解目前“非饱和”供给下的短缺状况，使房地产价格控制在较为合理的水平，同时可有效降低政府滥用职权的几率，缩小寻租空间，这些都有利于降低房价水平；新增商品房数量代表供给状况，需求一定时增加供给，则会导致房价下降。

下面将通过实证过程量化分析房价决定机制，具体检验上述假说，同时综合比较各因素对房价的影响程度，旨在通过定量和对比分析做到对房价中的政府驱动因素这一备受争议问题有更清晰的认识，力图为房价调控提供更为明晰的方向。

四、实证策略

（一）模型设定依据

一个科学合理的模型既要最大限度反映客观现实，又必须紧密围绕所研究的核心问题。本文旨在深入探究地方政府高度依赖的土地财政和房价之间的关系，由此模型中土地财政指标的呈现是关键。土地财政的影响既可以从成本价上去考虑，又可以在地方政府行为方面反映，在此采取土地财政规模、土地财政依赖程度和土地出让价格三个维度考察土地财政对房价可能存在的影响，相应重要解释变量为ltf、lgr、lp_2。

土地财政规模（ltf）最能真实反映在城镇土地国有的前提下，地方政府以土地为依托，在土地一级市场上获得的直接收益总量，并且也是连接地产市场和房产市场的重要纽带，故这一指标的选取具有合理性；土地财政依赖程度（lgr）可以理解为土地财政相对规模，把地方政府的土地出让收益以比例形式计入模型，一方面能够降低数据的波动程度，弥补绝对数量作为参考指标的不足；另一方面，客观衡量土地财政在地方财政收入中的相对重要程度，与土地财政规模的联合使用更能全面刻画“土地财政”这一核心因素；继而针对目前高地价是否推动高房价这一争议问题，在模型中考虑地价，土地价格采取被政府垄断的土地一级市场上的交易价格（lp_2），这一指标是房价成本构成和政府土地财政行为的重要测度，也是重点考察的解释变量。

此外，还有部分指标反映地方政府在房地产市场上的行为，如“开发商年购置土地面积（ls）”，不仅是开发商供给信心的直接呈现，也可理解为地方政府向房地产开发商供应的土地面积，是房地产市场中政府土地财政行为的客观真实反映；在土地交易市场上，地方政府的土地供应状况也表现在当年的出让总面积（ls_2）上，反映土地供应规模。

结合已有文献和本文特定研究目的，对房价决定机制模型的建立需要综合考虑市场和政府两大因素，在此选取供给、需求、土地财政三个层面。由于本文研究目的在于考察土地财政和其他各因素对房价影响水平的相对重要程度，在此采取面板数据中固定系数形式。根据上述分析，建立如下房价决定模型：

$$HP_{it} = \alpha_i + \beta X_{it} + \gamma D_{it} + \delta S_{it} + \varepsilon_{it} \quad (i = 1, \cdots, n, t = 1, \cdots, T) \quad (*)$$

其中，HP 表示房价指标，X 代表土地财政的量化指标（ltf、lgr、lp_2），D、S 分别为刻画商品房需求量、市场供给状况的控制变量；α_i表示截距项，β、γ、δ 为各对应变量的系数；ε_{it}为残差项，表示影响房价而又未被考虑的因素；下标 i 表示样本城市，t 表示年份。由相关系数矩阵判断，三个重要解释变量（ltf、lgr、lp_2）高度相关，① 为避免多重共线性问题，具体操作中单独考虑各项重要指标的影响，把模型（*）衍变为三个方程进行回归分析。通过对土地财政的量化指标——关键解释变量的逐次替换，为进一步得出稳健性结论作支撑。

在计量模型中，确定解释变量的性质是关键一环，即在模型中对内生性解释变量和外生性解释变量的判断至关重要。这不仅直接关系到回归方法的选择，也决定了估计结果是否真实可靠。在内生性问题的模型中，基本的面板固定效应和随机效应估计将存在偏差，目前解决内生性问题的一般途径是

① lgr 与 ltf 相关系数为 0.47，lgr 与 lp_2 相关系数为 0.48，lp_2 与 ltf 相关系数为 0.69。

选取代理变量，以外生变量来替换原指标，消除原估计结果的偏差，或者是选取恰当的估计方法消除内生性影响，即通过合适的工具变量进而采用GMM，联立方程模型估计等。

多数学者认为在高地价环境下或政府对土地财政有较强依赖时，地方倾向于面临更高的房价；反过来，在高房价情况下，政府从房地产市场中有更大获利空间，地方发展更易于依赖土地财政，从而对应更高的土地财政依赖程度和土地交易价格，即模型中解释变量和被解释变量相互影响，很可能存在内生性问题。而对于土地财政规模和房价，两者并无确定性双向因果关系：高房价可能会激励地方政府的卖地行为，但这并不必然导致土地财政规模扩张，因为土地财政规模受限于当地可利用土地资源面积、土地交易价格及土地规划利用政策等客观因素，理论上判断土地财政规模（ltf）与房价没有内生性关系。而本文选取的控制变量对房价的影响均为单向的，这也排除了存在内生性问题的可能性。针对 lgr、lp_2 与房价之间存在的内生性关系，本文第五部分将具体讨论，通过选取有效的工具变量从而使用两阶段最小二乘法进行估计。

（二）变量选择标准

为了检验土地财政对房价的影响，需要控制其他影响因素。结合已有研究和我国房地产业现状，本文选择以下控制变量：

（1）城镇居民人均可支配收入（pdi）：这一指标直接反映城市经济发展水平和居民支付能力，很大程度上决定了个人在房地产市场上需求状况和购买力。对应数值越高，城镇居民越可能产生住房需求，预期对房价产生正向影响。

（2）城市化水平（ul）：由于第二、第三产业发展状况代表工业化和城市化水平，故在此采用城市第二、第三产业结构占 GDP 的比例衡量。此指标是房地产业发展环境的刻画，也是需求状况的重要量度。城市化水平高的地区，刚性需求、储备需求、投资和投机需求都更旺盛，所以对应更高需求总量，预期符号为正。

（3）非农人口占比（ur）：表示城市人口结构，是人口城市化的重要标识。对应非农人口比例越高，住房需求越旺盛，预期符号为正。

（4）土地购置面积（ls）：表示地方政府向房地产市场的供地总量，将从上游影响新增房屋数量。土地购置面积越大，反映开发商越易拿到地，市场上土地紧俏状况越可能得以缓解；此外，由于目前经营性土地只能以

“招拍挂”出让方式交易，这一指标也可反映政府土地财政规模，此时对房价有推动作用。ls 对房价的最终影响结果由两种效应的大小决定。

（5）新增商品房比例（s）：表示房地产商供给状况，也是其在房地产市场中投资信心的重要呈现。新增商品房比例越高，越可能对房价有较强抑制作用，预期符号为负。

在上述控制变量中，城镇居民可支配收入、城市化水平和非农人口占比表示需求状况，土地购置面积、新增商品房比例描述供给水平。鉴于土地购置面积的特殊性，下面将重点考察其影响。

关键解释变量的指标选择：

（1）土地财政规模（ltf）：土地财政的内涵有广义、狭义之分。广义的土地财政指的是政府利用对土地资源的掌控权，以城镇土地所有权为依托获取出让金、土地相关税费、土地融资等收入的总和；狭义的土地财政仅指地方政府在土地交易中因让渡土地使用权而获得的土地出让金。易知广义的土地财政更能真实、准确地测度地方政府通过土地获得的收益，但是考虑到统计资料中地市一级土地相关税费分项指标的不可得，加上由于税率级次差别，估算相关税收收入必存在较大偏差，在此采用狭义定义，即以土地出让金来衡量关键解释变量“土地财政规模（ltf）”。这一指标的定义与张双长等（2010）、卢洪友等（2011）的研究保持一致。因土地出让金属于地方政府基金收入的最重要组成部分，且已成为地方财政收入的主体，出让金的差别一定程度上也能反映政府从土地中获得的总收入差异，所以这一定义具有合理性。

（2）土地交易价格（lp）：由于房地产市场上所用土地属于经营性用地，在土地一级市场上通过“招拍挂”出让方式交易，则“招拍挂”出让价格更能真实反映房地产市场上地价水平，这里采用“招拍挂”出让均价表示地价。

（3）土地财政依赖程度（lgr）：鉴于政府一般预算外收入数据不可得，目前研究普遍采用的定义方法是“土地出让金收入/预算内收入”（张双长等，2010），但因土地财政属于基金收入，这样把两个不同类别的指标直接相比，不具合理性，同时这一做法明显高估了地方政府对土地财政的依赖；此外，王斌等（2011）选用“土地出让金/地方财政支出”衡量，由于地区财政支出主要用于科学、教育、抚恤和社会福利救济、社会保障补助，与土地出让金在逻辑内涵上没有直接关系，故这一定义也不恰当。基于上述考虑，本文采用定义为“土地出让金收入/（土地出让金收入+一般预算内收入）”。

对于被解释变量——房价（hp），现有衡量指标分为两种：房价变化指数和商品房销售价格。前者侧重反映房价变化状况，后者即房价绝对数值。由于本文旨在研究各因素对房价决定机制的影响，在此选用指标“商品房销售价格”。

（三）数据采集处理

由于民众广泛关注的是城市房价水平，且城市房价走势也能清晰反映我国房地产市场整体发展脉络，在此选取35个大中城市为研究对象。考虑到我国房地产市场主要是2003年才出现投资过热和价格高涨现象，且政府也是由此开始着手整治房地产市场秩序、实施房价调控政策，在此选取以2003年为研究起点，而相关年鉴中2009年部分数据缺失，鉴于数据的可得性和可操作性，本文选取35个大中城市2003—2008年的面板数据，共210个样本点。与截面数据和时间序列相比，面板数据因含有时间、截面、变量三维信息，能构造和检验更为真实的行为方程。①

本文数据来源众多，其中房地产市场方面的数据来自《房地产统计年鉴》《中国区域经济统计年鉴》，土地财政相关数据来自《中国国土资源统计年鉴》，此外，城市的基本信息（如人口等）来自《中国城市统计年鉴》《城镇生活及价格统计年鉴》，还有部分数据来自中经网、中国统计局网站。表1为文中所用变量的名称及定义。②

表1　变量名称及其定义

名称	记法	单位	定义变量	预期符号
商品房销售价格	hp	元/平方米	ln(hp)	
土地财政依赖程度	lgr	比例	土地出让金/（土地出让金+一般预算内收入）	+
土地财政总规模	ltf	万元	土地出让金	+
地价（交易总价格）	lp_1	元/平方米	ln（lp_1）	+
地价（净收益）*	lp_2	元/平方米	ln（lp_2）	+
城镇居民人均可支配收入	pdi	元	ln（pdi）	+

① 参考高铁梅《计量经济分析方法与建模》。

② 限于篇幅，此处没有汇报各变量的描述性统计量。

续表

名称	记法	单位	定义变量	预期符号
城市化水平	ul	%	(全市第二产业+第三产业)/GDP	+
非农人口比例(市辖区)	ur	比例	年末非农人口数/总人口数	+
新增房屋比例	s	比例	(商品房竣工面积-销售面积)/竣工面积	-
土地购置面积	ls	万平方米	ln(ls)	+(-)
出让总面积	ls_2	万平方米	$\ln(ls_2)$	+(-)

注:* 指交易总价格(lp_1)中扣除青苗费、拆迁补助、土地基本平整费用后的收益额。

在具体操作中,涉及价格方面的数据,都以2003年为基期,用价格指数进行处理以剔除通货膨胀因素。在具体回归时,除比例形式外,其余各变量均采用以对数的形式进入估计,以减少数据的波动和离散程度,从而提高估计的精确性。

五、实证检验与分析

本节将对房价决定模型中的供给、需求和政府驱动因素进行经验分析。为分离出各因素的影响方向和作用程度,首先单独回归,初步判断其对房价的影响;其次使各变量进入模型(*),在控制其他变量的条件下,重点观察土地财政对房价的影响;最后综合各模型回归结果,对三个层面的因素进行比较分析,推导得出2003年以来决定我国房价高涨的主要因素。

经检验,发现所选变量均不存在单位根,为平稳序列,且经过对数换算,异方差也被消除。本文采用STATA10.0软件进行回归。所用数据是截面数明显大于时间跨度数的“短面板”数据类型,[①] 需考虑选择混合回归、固定效应还是随机效应。

由前面分析可知,需求因素所选指标(pdi、ul、ur)均为外生性解释变量,在具体回归过程中,当分别使用固定效应(FE)和随机效应(RE)

① 根据陈强《高级计量经济学及Stata应用》,按照时间维度T和横截面维度n的大小关系,把面板数据分为长、短面板两类。T小n大,为“短面板”;否则为“长面板”。

作为参照系时，两种情况下均拒绝了混合回归,[①] 再进行豪斯曼检验，结果强烈拒绝“固定效应与随机效应的估计结果系统一致”的原假设，所以选择固定效应模型。回归结果如表2所示。

表2　　房价对需求因素的回归结果（FE）

	被解释变量 lnhp		
解释变量	（1）	（2）	（3）
lnpdi	0.5860 *** (7.76)	0.2975 *** (3.34)	0.2453 *** (2.73)
lnul	5.0176 *** (3.80)	3.1290 ** (2.02)	1.8564 (0.93)
ur	1.0013 *** (5.49)	0.3232 (1.56)	0.4401 ** (2.01)
AR（1）		0.6118 *** (8.79)	0.3906 *** (3.96)
AR（2）			0.0975 (0.92)
_Cons	-20.9715 *** (-3.81)	-9.0750 (-1.30)	-2.8493 (-0.31)
observations	202	163	128
R - squared	0.9392	0.9614	0.9739

注：①括号内数字为相应系数的t统计量；②***、**、*分别代表1%、5%、10%的显著性水平。表3同，不再解释。

进行模型（1）估计后，在STATA10.0中进行xtserial检验，结果拒绝“不存在自相关”的原假设，继而加入AR（1）消除自相关。在AR（1）显著的情况下，进一步加入AR（2）项进行修正，以此类推，直到加入的AR项不再显著为止，再次检验发现自相关得以消除。结合R^2值，说明模型整体拟合度较高。

结果显示，需求因素对房价的影响十分显著，尤其是人均可支配收入和城市化水平，对房价的上涨有明显推动作用，这说明房地产市场中经济基本面因素对房价有很大影响；城市非农人口比例对房价的影响不如前两个因素

① 使用固定效应估计时，回归结果最后一行F检验对应的p值为0.0000，则认为固定效应优于混合回归；使用随机效应估计时，经LM检验，结果表明随机效用模型优于混合回归。

显著。接着对供给因素进行回归，结果如表 3 所示。

表 3　　房价对供给因素的回归结果（FE）

	被解释变量 lnhp		
解释变量	（1）	（2）	（3）
lnls	-0.0968*** （-3.53）	-0.0154 （-1.03）	-0.0071 （-0.41）
s	-0.2914*** （-5.97）	-0.0167 （-0.66）	0.0022 （0.08）
AR（1）		0.7538*** （16.64）	0.4538*** （4.58）
AR（2）			0.1533 （1.46）
_ Cons	9.4871*** （23.19）	8.6056*** （38.10）	8.4628*** （32.04）
observations	210	175	140
R - squared	0.8413	0.9554	0.9679

回归结果显示，无论从回归系数还是显著程度上分析，供给对房价的影响都十分有限，且在加入 AR 项修复自相关的情况下，两变量均不再显著。初步判断，供给对房价的影响小于需求因素。

由前面说明可知，土地财政规模（ltf）为外生性解释变量，[①] 在此首先对土地财政规模（ltf）采用固定效应模型进行回归。针对 lgr、lp_2 与房价之间存在的内生性关系，选取合适的工具变量来解决这一问题。

对于 lgr，选用 lnltf 与 $lnls_2$ 作为工具变量。首先，土地财政规模（lnltf）和土地出让总面积（$lnls_2$）是土地财政依赖程度（lgr）的直接反映，而 lgr 对房价的影响，只能通过 lnltf 和 $lnls_2$ 作用到房价中；其次，在 STATA10.0 中对工具变量进行有效性检验时，结果通过了工具变量与随机扰动项的外生性、[②] 工具变量与内生解释变量的高度相关性检验，继而又进行 Hausman 内

① 具体操作中，笔者采取使用土地出让面积（$lnls_2$）和其平方项作为土地财政规模（ltf）的工具变量，且通过了工具变量有效性的两个检验，但在进行 Hausman 内生性检验时，结果强烈拒绝“解释变量和被解释变量之间存在内生性”的原假设，这也证实了土地财政规模（ltf）的外生性。

② 这也证实了 lnltf 、$lnls_2$ 的外生性。

生性检验，证实存在内生关系。①

对于 $lnlp_2$，选用竣工房屋造价 lnhc 与土地交易总价格 $lnlp_1$ 作为工具变量，土地交易净收益是交易总价格的构成部分，且最终将作为竣工房屋造价的一部分，反映到商品房销售价格上，且两变量均通过了工具变量的有效性检验和 Hausman 内生性检验。下面采用两阶段最小二乘法（FE）对含内生性解释变量的模型进行估计，回归结果如表 4 所示。

表 4　　房价对土地财政回归结果（FE）

解释变量	(1)	(2)	(3)	(4)	(5)	(6)	(7)	(8)
lnltf	0.1230***	0.0294***	0.0538***	0.0699***				
	(0.0189)	(0.0104)	(0.0125)	(0.0160)				
lgr					1.5638***	0.5054***		
					(0.3176)	(0.1466)		
$lnlp_2$							0.1801***	0.0834***
							(0.0400)	(0.0240)
AR（1）		0.7597***	0.4382***	0.3078**				
		(0.0454)	(0.0897)	(0.1404)				
AR（2）			0.1851*	0.3190**				
			(0.0976)	(0.1211)				
AR（3）				-0.1302				
				(0.1211)				
L. lnhp						0.7808***		0.7395***
						(0.0448)		(0.0449)
_Cons	6.5679***	8.0197***	7.6991***	7.4322***	7.7846***	1.7566***	7.0438***	1.7035***
	(0.2303)	(0.1525)	(0.1736)	(0.2040)	(0.0586)	(0.3641)	(0.2264)	(0.3685)
Observations	206	170	134	99	206	171	206	171
R - squared	0.8385	0.9569	0.9726	0.9789	0.8072	0.9544	0.7774	0.9541

注：①***、**和*分别表示在1%、5%和10%水平上显著；②括号内为标准误；③模型（1）中观测值数少于210，是因为个别变量数据的缺失，在回归中对应样本点被自动剔除。表5同，不再解释。

表 4 给出房价对关键解释变量的单独回归结果，直观上获得土地财政对房价的影响方向及程度。估计结果显示，土地财政三个量化指标对房价的影响均显著为正，在对模型（5）、模型（7）进行 2SLS（FE）回归的基础上，考虑到房价的资产价格性质，本期价格极易受到上期价格的影响，进一步在

① 限于篇幅，具体检验结果不再列出。

模型中加入被解释变量的滞后项，把原模型改进为动态面板模型，得到模型(6)、模型（8)，经检验发现自相关也得以消除。结合 R^2 值，各模型整体拟合度较高，也表明模型设定的合理性。进而模型中加入各控制变量，估计结果如表 5 所示。

表 5　房价决定机制回归结果（FE）

解释变量	(1)	(2)	(3)	(4)	(5)	(6)	(7)
lnltf	0.0300 ** (0.0138)	0.0308 *** (0.0118)	0.0568 *** (0.0136)				
lgr				0.3056 ** (0.1560)	0.3102 ** (0.1480)		
$lnlp_2$						0.0937 *** (0.0259)	0.0804 *** (0.0274)
lnpdi	0.5319 *** (0.0776)	0.3667 *** (0.0807)	0.2148 ** (0.0859)	0.5685 *** (0.0767)	0.2228 ** (0.0869)	0.5490 *** (0.0820)	0.2028 ** (0.0899)
lnul	4.6075 *** (1.3220)	0.8958 *** (0.1983)	0.2972 (1.8929)	5.0541 *** (1.3245)	2.0477 (1.3474)	3.8567 *** (1.4458)	1.6940 (1.3975)
ur	0.8639 *** (0.1881)	0.2752 (0.2115)	0.4078 * (0.2108)	0.8491 *** (0.1910)	0.2331 (0.2019)	0.9165 *** (0.2016)	0.4543 ** (0.2104)
lnls	-0.0528 *** (0.0187)	-0.0186 (0.0167)	-0.0121 (0.0178)	-0.0600 *** (0.0203)	-0.0338 * (0.0200)	-0.0608 *** (0.0202)	-0.0369 * (0.0203)
s	-0.0331 (0.0349)	-0.0066 (0.0284)	0.0026 (0.0293)	-0.0312 (0.0354)	-0.0446 (0.0323)	-0.0252 (0.0377)	-0.0217 (0.0349)
AR (1)		0.5441 *** (0.0746)	0.4013 *** (0.0984)				
AR (2)			0.1205 (0.1044)				
L. lnhp					0.5254 *** (0.0705)		0.5035 *** (0.0727)

续表

解释变量	(1)	(2)	(3)	(4)	(5)	(6)	(7)
_Cons	-18.0738*** (5.5661)	-0.3347** (0.1636)	4.0506 (8.6596)	-20.0146*** (5.5581)	-7.2361 (5.6697)	-14.9097** (6.0860)	-5.7852 (5.8822)
observations	198	163	122	198	163	198	163
R - squared	0.9424	0.9628	0.9784	0.9413	0.9645	0.9332	0.9621

注：(1)、(2)、(3) 为面板固定效应回归结果，(4)、(5)、(6)、(7) 为2SLS (FE) 回归结果。

从刻画土地财政的解释变量对房价的单独回归结果来看，土地财政对房价的影响显著且为正向，由此初步判断地方政府依赖的土地财政推动了房价上涨。在加入各控制变量后，三个重要解释变量仍显著为正，各控制变量的符号与预期基本一致，下面将作具体解释：

城镇居民人均可支配收入对房价的影响显著为正，这说明居民支付能力、购买力与城市房价水平正相关。因为人均可支配收入是城市经济发展水平的直接呈现，所以房价和城市经济发展水平也显著正相关。首先经济较发达的地区，物价水平本来就相对偏高，再加上这些地区一般会吸引更多外来务工人员、技术人才等外来人口，城市化水平也相对较高，面临更旺盛的需求，在市场供求双方力量的作用下，对应房价水平也就更高。

城市化水平与房价也正相关，这表明城市化进程越快，越易拉动房价上升。城市化水平高的地区，对应更为完备的城市基础设施建设和发育成熟的市场，更宜居住和投资。在 Tiebout 效应下，刚性需求与投资、投机需求并存，需求过旺导致房价更高。结果证实了假说四。非农人口比例对房价的影响也显著为正，与预期符号一致。非农人口比例也是城市化水平的重要呈现，这说明人口的城市化进程也推进了房价的高涨。

通过土地购置面积的回归结果，可发现其与房价负相关，且影响也比较显著。开发商的土地购置面积即政府向房地产市场供给的土地面积，结果表明，政府加大向房地产市场土地供给，能有效缓解房地产市场上土地紧缺状况，这与邵挺等（2010）的研究结果一致。开发商拿地后，倾向于进一步增加房屋供给，有利于降低房价；同时 ls_2 可作为土地财政规模的重要衡量，将对房价有正向推动效应，而对房价的最终影响方向是两种效应抗衡的结果。$lnls_2$ 回归符号为负，表明土地购置面积主要作为供给因素影响房价。而新增房屋比例对房价的影响也可以从增加供给的角度分析，两者呈负相关，即商品房供给增加，在需求一定的情况下，会降低均衡价格。综上分析，假说五得以证实。

滞后一期房价水平的影响显著为正，这反映出房价的资产价格性质，即变动趋势容易受到上一期影响，前期价格水平很大程度上能解释这期价格的变化。这使房价一旦上升，往往会形成持续上升，而难以降下来，即房价“棘轮效应”。出现这种现象关键在于人们常根据房价的历史信息形成理性预期，上期市场的景气程度对开发商的投资信心和消费者的购买行为造成直接影响，尤其会显著影响投资、投机需求。当市场供求状况变动时，均衡价格也会做出相应反应。

模型中存在的房价和土地财政的内生性关系表明存在双向因果关系，且土地财政的确助推了房价上涨，控制好其他因素的影响，描述土地财政的三个指标回归结果中均显著为正，表明地方政府热衷的土地财政确实能解释近年来的房价持续高涨。政府土地财政规模增加 1 个百分点，会引起房价上涨 0.03 个百分点，即土地出让收入的增加，会直接推高房价上涨。这证明地方政府在土地市场上获得直接的土地出让收益会助推房价。至于房价如何推动政府卖地生财，在此经验分析中还不足说明。假说一得到部分证实。

政府对土地财政的依赖程度上升 1 个单位，会导致房价上涨百分比高于 30%，假说二得到证实。与目前大多数学者（如张双长等，2010）的观点一致，在现行财政体制下，地方政府出于对土地财政的依赖，存在直接或间接推高房价的效应，这使原本火热的房地产市场在实际运营中有了地方政府这个最坚挺的“后盾”。一旦政府插手房地产市场，多重利益冲突致使各方利益集团的博弈过程变得更为复杂。有了地方政府作支撑，房地产开发商产生更大激励去维持或推高房价。不难发现在调控中地方政府和房产商都缺乏降价动力，他们都期待看到蓬勃发展的房地产市场，而不希望房价降下来，目标的一致性会使两者一拍即合，在房价博弈中达成共谋。此外，地方政府面对巨大的利益诱惑，很难做到贯彻执行调控政策，在执行过程中，往往扭曲政策初衷和意图，利用自由裁量权肆意放大或缩小政策效应，而开发商也积极帮助消费者规避不利因素，最终导致“调控”变成“空调”，这也能从一个角度上解释近几年中央政府进行多轮打压高房价的调控措施并没达到政策意图的事实。

从回归结果得知，地价（纯收益）对房价影响显著为正，且房价对地价的弹性维持在 0.08 ~ 0.09 的水平，即地价上升 1 个百分点，会引起房价上升 0.08 ~ 0.09 个百分点，这证实了假说三。图 6 根据《中国国土资源统计年鉴》统计数据整理得出，35 个城市的地价平均水平在 2003 年是 330 元/平方米，2007 年最高，为 572 元/平方米，6 年来地价平均年涨幅为 8%，则对应能解释房价每年上涨0.64%～0.72%，可见地价的变动对近几年房价上涨带来的推动作用有限。社会普遍认为“招拍挂”的土地有偿出让方式大幅提高了地价，从而助推房价上涨，继而得出，在“招拍挂”出让方式下，地价上涨是房价上涨的“罪魁祸首”。这一论断在此并没有得以证实。

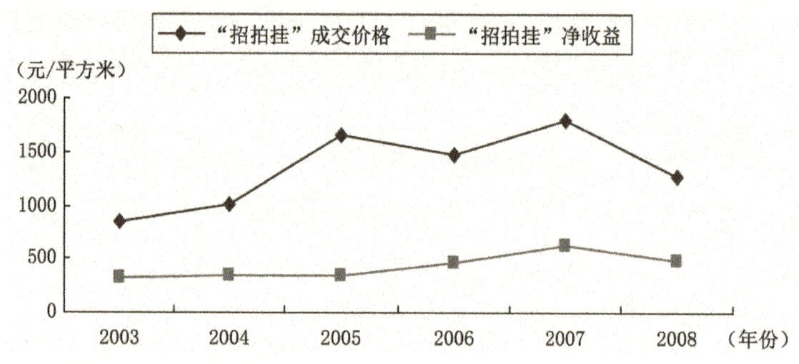

图6　35个大中城市“招拍挂”出让均价

资料来源：根据历年《中国国土资源统计年鉴》整理得出。

与土地财政依赖程度对房价影响相比，地价变化对房价影响较小，这说明在地方政府追求土地财政造成的房价上涨过程中，“招拍挂”出让价格上涨对房价上涨带来的直接影响相当有限，对房价的推动作用更大程度上源于现行财政体制下地方依赖土地财政产生的行为扭曲等带来的间接影响。出于实现土地财政的目的，地方政府存在推高房价的内在激励，在房地产市场中，始终以最大化财政收入为目标，而背离了其作为中央和上级政府的代理机构应该履行的职责。

更进一步地，对供给、需求和土地财政三方面因素进行对比分析。观察各模型变量的回归系数和显著程度，[①] 发现地方政府出于对土地财政的依赖，一定程度上助推了近年来房价持续高涨，这种推动作用明显强于供给对房价带来的冲击影响，但与学术界主流观点及社会一般认识不同的是，土地财政代表的政府驱动因素在房价形成中的作用小于需求的推动作用。这是因为目前我国房地产市场是需求主导型市场，日新月异的经济发展和快速城市化进程催生大量基本住房需求，同时由于政府存在发展房地产业的内在冲动，经常联合开发商传递房价“只升不降”的信号，民众也坚信入市乃万无一失的权宜之计，由此以来，房地产利好的预期招致大量投资、投机需

① 当比较影响程度时，重点关注回归系数。这里对同种指标类型的数据进行比较，即各层面因素中，同为比例形式的指标相比，同为绝对数值的指标相比。

求，房地产市场涌现“羊群效应”。在需求主导市场的情况下，房价在供求共同作用下节节高攀。正如秋风（2010）分析指出，我国房地产市场泡沫最直接的制造者正是消费者本身，其他所有因素都通过消费者发挥作用。短期内过旺的消费性需求难降，而看涨的预期使投机需求激增，这正是目前房价居高不下的重要原因。政府只不过是这场博弈中兴风作浪的受益方，利用自身掌握的对土地一级市场的绝对垄断权和城市发展模式的决策权，通过介入和操纵房地产市场获取丰厚的财政、经济和政治利益。相比之下，商品房供给影响房价的力量比较微弱，这也证实近年来开发商加大房屋供给并没有对持续升温的房价形成明显抑制作用。以上结果也暗示2003年以来实施的针对需求的调控措施并没有抓住关键所在，目前需求中大部分为基本住房需求，采取紧缩流动性和提高利率从而提高购房成本的手段，并不能得到有效抑制。况且政府“一刀切”打压需求的做法，在抑制部分投机行为的同时，更大程度上压制了大量基本住房需求，而看涨的预期反而激励一些投机者恶性炒作，这更使大部分消费性需求者利益受损，降低社会整体福利水平，由此引发的民众情绪导致调控陷入尴尬困境。说明在矫正市场中政府行为的同时，注重区分各层次需求，注重积极引导、针对性调控需求手段的运用也尤为重要，平抑房价需采取针对性措施多管齐下。

六、相关结论和启示

在“买房难”这一民生问题日益凸显且政府调控尽显无力的背景下，大多数学者把高房价症结归于政府因素，但已有研究存在的明显不足是注重单维因素分析且不够系统。基于此种考虑，本文采取主要因素分析方法，综合考虑影响房价的地方政府因素、供给和需求代表的市场因素，并对重点考察的地方政府行为采取三个维度量化呈现以保证结论的稳健性。结合房地产市场中的典型事实，首先对地方政府行为影响房价的两条途径进行了理论分析，说明政府谋求利益的激励对其在市场中的行为产生了扭曲效应，这严重背离了委托—代理关系下政府的基本职能；继而在具体操作中通过控制房价决定模型中存在的内生性，系统探究以地方政府行为量度的政府因素对房价的影响。理论分析和经验研究的配合使用使我们对高房价中的地方政府行为因素有更清晰和完备的认识。然后通过三个层面因素影响效果的对比分析，比较各因素的相对重要程度，并分离出2003年以来我国城市房价持续高涨的主要驱动力量，从而丰富了现有我国高房价形成理论，同时为决策者采取针对性措施治理房价提供了政策依据。

利用我国35个大中城市2003—2008年数据进行经验分析发现，土地财政指标刻画的地方政府行为和房价存在双向影响，其中地方政府行为的确对高房价有明显促进作用。在追求财政增收和经济增长的目标下，地方政府利用自身权力和能力作为市场参与者直接介入和操纵房地产市场的行为显著推高了房价，即近年来地方政府对土地财政的依赖一定程度上能解释房价持续上涨。进一步对刻画地方政府行为的三个指标深入分析发现，地方政府通过地价作用房价的直接影响比较有限，地方政府行为对房价的推动作用更大程度上源于政府出于对土地财政的依赖对房产市场产生的间接影响。进一步比较分析发现，高房价形成过程中过旺的需求是决定性力量，其影响明显超过了政府因素，这与我国房地产市场为需求主导型的特征密不可分。与其他两层面因素相比，供给对高房价形成的影响相对有限。

上述结论为以规范地方政府行为为切入点调控房价提供了有力证据，调控高房价的一个可行路径是矫正地方政府行为。政府应做到角色理性回归，在房地产市场中充分发挥其调节经济、治理社会、监督市场和公共服务的职能，科学合理地采取利率、税收等经济杠杆抑制市场中的投机等不规范行为，在必要时采取行政手段整顿和规范市场秩序，而非直接作为市场参与者，为谋求部门利益或官员利益操纵市场，甚至联盟开发商哄抬房价。这在客观上要求弱化房地产市场上地方政府的垄断地位，从源头上肃清寻租和腐败，坚决打击、严加惩处阳奉阴违及抵制执行政策的行为，增加调控政策的效力，通过政策引导促使我国房价尽快回归到理性水平。由此可见，提高政府行为规范化程度和信息公开透明度势在必行，而健全监督惩罚机制和启动问责机制则是达到此目的的有力保证。针对需求对高房价的决定性影响，在房地产市场中要区分各层次性质的需求，综合运用市场和政府两种力量，进行积极引导和调节，应采取针对性措施积极鼓励消费性需求、坚决打压和控制投机需求。此外，解决高房价难题必须多管齐下，不能完全寄希望于宏观调控。除政策调控以外，制度建设也是重中之重，通过推进保障性住房建设和建立长效机制，让人民广泛参与分享城镇化成果，则是从根本上解围高房价困境的出路所在，也是政府在保障民生的征程上迈出的关键一步。

参考文献

[1] 余壮雄，林建浩．谁推高了房价？开发商、置业者还是地方政府．经济学家，2010（5）：30－38.

[2] 高兴波，张前荣．2011年动产与不动产价格走势研判．管理世界，2011（9）：

178 - 179.

［3］梁云芳，高铁梅．我国商品住宅销售价格波动成因的实证分析．管理世界，2006（8）：76 - 82.

［4］吴航，窦尔翔．抑制房地产市场“泡沫”的多种视角分析．经济学家，2007（2）：124 - 126.

［5］王小鲁．中国城市化路径与城市规模的经济学分析．经济研究，2010（10）：20 - 32.

［6］崔光灿．房地产价格与宏观经济互动关系实证研究——基于我国31个省份面板数据分析．经济理论与经济管理，2009（1）：57 - 62.

［7］余华义．经济基本面还是房地产政策在影响中国的房价．财贸经济，2010（3）：116 - 122.

［8］梁云芳，高铁梅．中国房地产价格波动区域差异的实证分析．经济研究，2007（8）：133 - 142.

［9］梁若冰，汤韵．地方公共品供给中的Tiebout模型：基于中国城市房价的经验研究．世界经济，2008（10）：71 - 83.

［10］邵挺，袁志刚．土地供应量、地方公共品供给与住宅价格水平——基于Tiebout效应的一项扩展研究．南开经济研究，2010（3）：3 - 19.

［11］周京奎，王岳龙．大中城市周边农地非农化进程驱动机制分析——基于中国130个城市面板数据的检验．经济评论，2010（2）：24 - 34.

［12］王斌，高波．土地财政、晋升激励与房价棘轮效应的实证分析．南京社会科学，2011（5）：28 - 34.

［13］梁若冰．财政分权下的晋升激励、部门利益与土地违法．经济学（季刊），2009年10月第9卷第1期，283 - 306.

［14］平新乔，陈敏彦．融资、地价与楼盘价格趋势．世界经济，2004（7）：3 - 10.

［15］张双长，李稻葵．“二次房改”的财政基础分析——基于土地财政与房地产价格关系的视角．财政研究，2010（7）.

［16］张岑遥．城市房地产价格中的地方政府因素：成因、机制和效应．中央财经大学学报，2005（10）：65 - 69.

［17］卢洪友，袁光平，陈思霞，卢盛峰．土地财政根源：“竞争冲动”还是“无奈之举”？——来自中国地市的经验证据．经济社会体制比较，2011（1）：88 - 98.

［18］周彬，杜两省．“土地财政”与房地产价格上涨：理论分析和实证研究．财贸经济，2010（8）：109 - 116.

［19］龚强，王俊，贾坤．财政分权视角下的地方政府债务研究：一个综述．经济研究，2011（7）：144 - 156.

［20］沈悦，刘洪玉．住房价格与经济基本面：1995—2002年中国14城市的实证研究．经济研究，2004（6）：78 - 86.

［21］陶然，袁飞，曹广忠．区域竞争、土地出让与地方财政效应：基于1999—2003年中国地级城市面板数据的分析．世界经济，2007（10）：15－27.

［22］屠家华，张洁．什么推动了房价的上涨——来自上海房地产市场的证据．世界经济，2005（5）：28－37.

［23］俞露．我国房地产市场中地方政府行为的经济学分析．东南大学学报（哲学社会科学版），2009（3）：17－23.

［24］安体富，窦欣．论土地财政与房地产市场调控．地方财政研究，2011（2）：8－13.

［25］才国伟，黄亮雄．政府层级改革的影响因素及其经济绩效研究．管理世界，2010（8）：73－83.

［26］温海珍，吕雪梦，张凌．房价与地价的内生性及其互动影响——基于联立方程模型的实证分析．财贸经济，2010（2）：124－128.

［27］高波等．转型期中国房地产市场成长：1978—2008［M］．经济科学出版社，2009.

［28］秋风．政府的本分［M］．江苏文艺出版社，2010.

海宁市学前教育财政投入问题及政策研究

王　超①

摘　要　在“地方负责、分级管理”的教育管理体制下，地方政府及教育主管部门既是国家教育政策的执行者，也是地方教育政策的制定者。对具有准公共产品属性的学前教育而言，地方公共教育政策，特别是学前教育财政投入政策，将直接影响着地方学前教育的发展方向，成为推动或制约地方学前教育发展的关键因素。本文以海宁市为例，对当地政府近年来制定的一系列学前教育公共政策进行解读，重点考察财政投入政策对学前教育均衡发展的影响，总结经验、发现不足，在此基础上提出进一步推进海宁市学前教育更好更快发展的财政建议。

关键词　学前教育　财政投入　资源配置　均衡

一、引　　言

学前教育是我国教育体系的重要组成部分，是终身学习的开端，是我国教育的基础阶段。长期以来，学前教育没有被真正纳入国民教育体系中，学前教育的经费也没有被纳入国家公共财政的保障范围。各种“入园难”“入园贵”的言论纷至沓来：到底谁该来“供养”幼儿园？学前教育发展体制的藩篱又该如何跨越？公共财政能否保证学前教育的普惠性和公益性？怎样才能让我们的下一代不输在“起跑线”上？《国家中长期教育改革和发展规划纲要（2010—2020年）》明确指出，学前教育要建立“政府投入、社会举办者投入、家庭合理负担的投入机制，实现基本普及学前教育的教育发展战略目标和战略任务”。2010年11月3日，温家宝总理主持召开国务院常

① ［作者简介］王超，浙江财经大学东方学院教师。

务会议，研究部署发展学前教育政策措施，明确提出要将学前教育经费列入各级政府财政预算，新增教育经费要向学前教育倾斜。2010 年 11 月 24 日，国务院又发布了《关于当前发展学前教育的若干意见》，指出“财政性学前教育经费在同级财政性教育经费中要占合理比例，未来三年要有明显提高”，进一步明确了学前教育经费投入问题。这一系列举措充分体现了党中央、国务院对学前教育的高度重视。

自 1985 年《中共中央关于教育体制改革的决定》颁布实施后，基础教育阶段逐步实行“地方负责、分级管理”的体制。2003 年印发的国发办[2003] 13 号文件《关于幼儿教育改革与发展指导意见》深化了“地方负责、分级管理”的体制改革方向，指出：“坚持实施地方负责、分级管理和有关部门分工负责的幼儿教育管理体制”，并明确了各级政府相应的职责范围。将学前教育发展责任与权力下放到地方政府，客观上有利于地方政府依据当地特有资源优势与发展实际，抓住当地学前教育发展中的主要矛盾，因地制宜地制定公共教育政策及学前教育发展模式，推动当地学前教育事业的良性发展。但是，在当前政府学前教育责任不明晰的现实情况下，各地政府在财政投入和监督管理两方面都存在不同程度的责任缺位或错位，导致政府的公共政策成为阻滞当地学前教育事业发展的关键因素。

在“地方负责、分级管理”的教育管理体制下，不同地区所制定的学前教育政策存在差异性，而不同的公共政策也导致各地学前教育事业的发展趋势存在较大差异。浙江省学前教育事业的发展在全国范围内处于领先地位，2013 年全省学前三年入园率为 97.2%，幼儿园专任教师 11.23 万人，幼儿教师学历合格率为 99.6%，民办幼儿园在园学生 115.6 万人，占在园幼儿总数的 62.2%。从 2000 年到 2014 年，海宁教育经历了普及发展、资源整合，均衡协调、规范发展，高位均衡、内涵特色发展三个阶段，实现了从教育强县向教育基本现代化的历史性跨越。特别是在 2011 年 7 月正式出台《海宁市学前教育三年行动计划》之后，在全市各级努力下，学前教育事业得到了长足发展。2014 年，海宁市通过了嘉兴市学前教育示范县（市）的评估，成为嘉兴市首个学前教育示范县（市）。目前，海宁市各级各类幼儿园基本形成政府主导、社会参与、公办民办并举的发展格局，一系列地方性公共政策供给推动了海宁市学前教育事业的快速发展，但同时也面临着许多问题与困难。因此，本文选取海宁市为研究对象，探讨地方政府公共政策对地方学前教育事业发展的重要影响及问题所在，并试图提出相关建议对策，完善地方政府的公共政策。

二、学前教育财政投入政策背景

海宁市位于浙江省东北部，嘉兴市南部。至2013年年底，全市有8个镇、4个街道。共有村161个、社区65个。根据2014年人口变动抽样调查，全市年末常住人口82.31万人。年末户籍总人口673782人，其中男性330708人、女性343074人，总户数185510户。全市共有幼儿园66所、小学29所、普通中学32所、大学2所、中职类学校4所、特殊教育学校1所、新居民子女学校4所。在校学生108222人，共有教职工7883人，其中专任教师6630人。全市教育经费总投入18.02亿元，人均教育经费投入2694元，小学、初中生平均公用经费分别为600元和776元。学龄前儿童在园幼儿数19875人。学龄前幼儿三年净入园率为99.2%。2013年，全市共有幼儿园64所，其中教育部门办学6所，其他部门办学2所，集体办学40所，民办幼儿园16所（见表1）。有省一级幼儿园7所、省二级幼儿园15所、省三级幼儿园40所。12所镇、街道中心幼儿园全部成为嘉兴市达标乡镇中心幼儿园。全市在园幼儿19687人，学前三年入园率（含新居民子女）达到99.1%。全市幼儿园有教职工1957人，其中专任教师1179人、保育员358人、保健员34人、其他人员386人。全市幼儿园有事业编制教师311人，其中农村幼儿园110人。在1179名幼儿教师中，合格学历比例为100%，其中大专及以上学历1066人，达90.4%；持有教师资格证的1131人，占95.9%。有996人取得专业技术职称，其中幼教高级及以上职称220人。

表1　　海宁幼儿园基本情况

年份	幼儿园总数	在园幼儿数	幼儿教师	学前三年净入园率
2008	73	17464	977	99.06%
2009	70	18026	982	96.71%
2010	70	20422	1041	97.87%
2011	68	20622	1162	98.63%
2012	63	20959	1091	98.90%
2013	64	19687	1179	99.08%

在“地方负责、分级管理”的教育管理体制下，不同地区所制定的学前教育政策存在差异性，不同的公共政策也导致各地学前教育事业的发展趋势存在较大差异，而对学前教育地位和价值的认识是政府制订学前教育发展战略思路与举措的前提和基础。近年来，海宁市学前教育事业的健康快速发展正是得益于政府部门对学前教育的地位与价值的明确和重视，并在相关政策中予以了明确体现：（1）2009年7月《关于加快学前教育改革与发展的实施意见》（海政发〔2009〕55号）经市政府常务会议讨论通过后下发，提出了26条工作措施，为提升海宁市学前教育整体水平，构建与海宁经济社会发展相适应的学前教育体系提供了政策支持；（2）2011年7月出台了《海宁市学前教育三年行动计划》，明确了学前教育的发展现状，制定了三年发展目标及工作措施，为确保计划的顺利实施，又相继出台了《海宁市市区住宅小区配套幼儿园规范管理办法》《海宁市学前教育专项资金管理办法》《海宁市学前教育达标镇（街道）评估考核办法（试行）》《海宁市幼儿园三年建设规划》《海宁市扶持公益性民办幼儿园发展奖补资金管理办法》等5个配套文件，从政策上对学前教育的发展予以保障，促使海宁市学前教育事业良性发展；（3）在完善幼儿园准入机制方面，海宁市落实幼儿园年审工作，下发《关于印发海宁市整治非法幼儿园工作方案的通知》，由市、镇（街道）两级政府通力协作整治非法托幼机构，还出台了《海宁市幼儿园招收新居民子女入园实施细则》《海宁市民办新居民子女学校星级评估办法（试行）》《海宁市公益性幼儿园认定办法（试行）》，引导和支持民办幼儿园提供面向大众、收费合理的普惠性服务，努力建立“广覆盖、促均衡、有质量”的学前教育公共服务体系；（4）对所属村级公办幼儿园实施“六统一”（经费统一管理、教育统一调配、教师工资统一发放、教师工作统一考核、教玩具统一配置、办学质量统一评估）管理，并在城乡间开展“姐妹园结对”活动，促进城乡间学前教育均衡发展和资源优势互补。

为进一步全面提升学前教育整体水平，促进科学发展，海宁市于2014年10月出台了《海宁市发展学前教育第二轮三年行动计划（2014—2016）》。目前，海宁市各级各类幼儿园基本形成政府主导、社会参与、公办民办并举的发展格局，在健全学前教育管理体制、强化学前教育保障机制、规范学前教育办学质量等方面都为第二轮行动计划的实施提供了宝贵经验。

三、学前教育财政投入政策现状

学前教育的准公共产品性质决定了政府分担学前教育成本的合理性与必要性，而长期以来学前教育财政经费来源没有明确的法律依据和保证，在政府财政投入有限的情况下，学前教育在与其他公共物品竞争财政资金上处于劣势地位。我国学前教育财政投入一方面存在投入严重不足的问题，另一方面存在有限的教育资源不能公平分配的问题。欧盟委员会1996年建议各成员国对学前教育的投入至少应占本国GDP的1%，而我国近十年财政性学前教育经费占GDP的比例在0.03%~0.06%之间。虽然我国近年对学前教育的经费投入不断增加，但是对于一个人口大国来说，这些经费还是远远不够的。加之有限的经费主要投向了城市中的公办幼儿园，而占有“主力军”地位的民办幼儿园和农村幼儿园却缺乏财政资金支持，从而严重阻碍了学前教育区域均衡发展的实现。为不断提升海宁市学前教育整体水平，构建与海宁经济社会发展相适应的学前教育体系，均衡城乡学前教育资源配置，满足人民群众对学前教育的需求，海宁市政府出台多项政策大力促进学前教育快速发展。其财政投入政策突出表现在以下几个方面：

（一）增加财政经费投入总量

为切实保障学前教育的发展，海宁市建立了政府主导、多元投入的经费保障机制，将学前教育经费列入市、镇财政预算，新增教育经费向学前教育倾斜。市政府每年在地方教育附加中按20%的比例安排学前教育经费；从2011年起连续三年，每年在住宅土地出让收入中按0.5%比例计提学前教育建设资金，专门用于改善幼儿园办园条件。幼教经费占市财政性教育经费的比例要求由2009年的3%提高到2015年的8.5%，目前幼儿园生均公用经费标准为：省一级800元/生，省二级700元/生，省三级、未定级600元/生。

同时，根据幼儿园布局调整规划，市财政每年安排100万元以内的学前教育专项奖励经费，通过以奖代拨的方式，支持本市学前教育发展。进一步出台《海宁市学前教育专项资金管理办法》，明确学前教育各项奖补政策的延续性，确保园舍建设补助、社保补助、教育资助、专项奖励、公用经费补助、人员经费补助等各专项经费落实到位，并根据实际发展需要逐步递增。

（二）公办与民办共举

财政对学前教育机构的投入，不光是要拨款兴建公办幼儿园，还包括对民办幼儿园的补助。从全国范围来看，民办幼儿园是我国学前教育的“主力军”，数量上占有绝对优势。但是长期以来，财政对学前教育资源的投入主要集中在少数公办幼儿园，占绝对主体地位的民办幼儿园则享受不到政府的经费资助。财政投入的不足与财政投入划拨的不均衡导致我国学前教育发展的不均衡。为保障公益性民办幼儿园的发展，海宁市通过以奖代补的方式，引导和支持民办幼儿园提供普惠性服务：按市属公办幼儿园标准补助生均公用经费，城市建成区内的公益性民办幼儿园由市财政全额承担，其他公益性民办幼儿园由属地镇（街道）承担；根据持教师资格证的比例补助教师人员经费，全额补助标准为每人每年1.5万元；民办、公办园同等享受升等、年审等奖励，2011—2014年共投入了300万元用于此项奖励。

（三）财政投入向农村倾斜

国家对学前教育的财政支持主要偏向城市，导致农村学前教育不被重视、发展缓慢。《国家中长期教育改革和发展规划纲要（2010—2020年）》中提出要重点发展农村学前教育，努力提高农村学前教育普及程度，采取多种形式扩大农村学前教育资源等一系列措施，将农村作为学前教育普及的重点与关键。为此，海宁市不断加大农村幼儿园建设补助力度，对新建且符合学前教育机构布局规划的不少于4个班（含4个班）规模的中心村幼儿园，由海宁市财政按达标面积每平方米补助300元，补助总额根据实际办园规模和省幼儿园建设标准的基本指标核定。各镇（街道）参照市属公办幼儿园预算办法，将所属公办园纳入同级财政预算，并足额拨付。对三年行动计划中按时完工的农村公办幼儿园，市财政在原有的建设补助标准基础上上浮40%。实施三年行动计划以来，全市新建成幼儿园6所，其中农村幼儿园4所；完成改扩建幼儿园14所，其中农村幼儿园13所。

此外，从2011年起，海宁市各镇（街道）按照市属同级公办幼儿园的标准核拨付生均公用经费补助，凡达到要求的，市财政按标准的1/4补助给镇（街道）；事业编制幼儿教师每人每年补助2万元。

（四）建立学前教育资助制度

学前教育除了具有促进儿童发展和潜能开发的作用之外，还具有济贫性质的保育和看管职能。政府提供学前教育，能够有效地帮助那些生活在文化和经济都很贫困的环境中的儿童，使他们从中摆脱出来，并最终打破“贫困—文盲—贫困”的恶性循环。海宁市不断完善学前教育资助制度，从2009年秋季起，持证困难家庭幼儿入园可享受保育费资助500元/人·学期；2014年进一步扩展资助项目，规定海宁市户籍的五类生、持证困难家庭学生就读海宁市公办幼儿园享受资助助学金：500元/人·学期、免收代管费90元/人·学期、爱心营养餐费375元/人·学期。

（五）提高幼儿教师待遇

有研究表明，幼儿教师是影响学前教育质量的关键因素，而目前幼儿教师工资待遇普遍较低，造成其低收入和低素质的恶性循环，使幼儿教师的收入和素质的增长速度普遍慢于社会同类人群整体提高的速度。为提高幼儿教师整体素质及从业积极性，应重视幼儿教师队伍及其保障体系的建设。鉴于此，海宁市在学前教育财政投入方面也更加重视保障教师待遇，特别是非编教师待遇，并尽可能地解决民办学校教师的编制问题。目前，海宁市城区民办教师事业编制占到26.4%，农村民办教师事业编制占农村13.4%。对于非在编的教师，参照事业编制来核定其工资待遇，增加非在编教师的工资。

另外，从2011年起，教育及其他部门办幼儿园按需招聘事业编制幼儿教师；农村公办幼儿园每年公开招聘30名左右的事业编制幼儿教师。在公开招聘事业编制教师时，对在本市幼儿园从事学前教育工作时间较长的在岗非事业编制教师予以政策倾斜。

四、学前教育财政投入的主要成就

自2009年起，海宁市出台的一系列地方学前教育公共政策供给取得了明显的成效，特别是2011—2014年，开展学前教育三年行动计划期间，全市学前教育在高水平普及和优质化方面迈出了坚实的步伐。2014年12月，海宁市顺利通过嘉兴市学前教育示范县（市）的评估，成为嘉兴首个学前教育示范县（市），12 个镇（街道）中已有 11 个被命名为嘉兴市学前教育先进（示范）镇（街道）。海宁市学前教育财政投入取得的成绩具体可分为以下几方面：

（一）学前教育公共服务体系初步建立

学前教育三年行动计划期间，海宁市新建成投入使用幼儿园 6 所，完成改扩建幼儿园 14 所，建设中幼儿园 10 所。目前全市现有等级幼儿园 64 所，其中省一级 7 所、省二级 15 所、省三级 42 所，等级幼儿园儿童覆盖率从 72.95% 提高到 94.4%，等级幼儿园覆盖率从 27.1% 提高到 96.9%（见图 1），超过嘉兴市目标 6.9%。100% 的镇（街道）开设了托班或亲子班，并设立了专门的早教中心，三年来累计为社区提供 300 余次早教指导服务。学前三年入园率（含新居民子女）达 99.1%，超过省定目标 4.1%，城市学区学前三年幼儿入园率保持在 100%。同时，加大投入配备教玩具，“教玩具配齐率”达 100%，确保了幼儿在园的各类活动需求。目前全市无非法托幼机构存在。

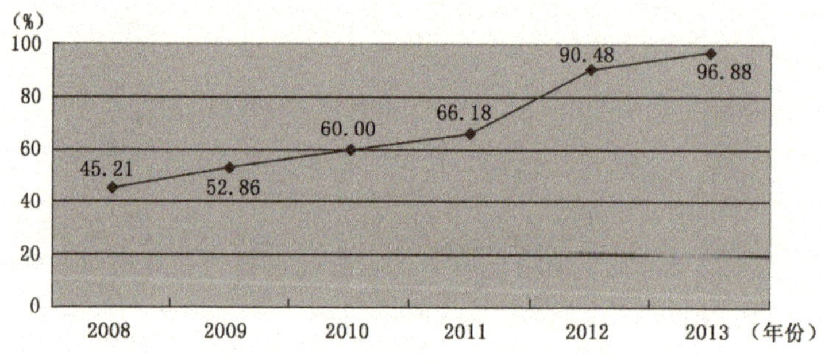

图 1　海宁市等级幼儿园覆盖率

（二）公益性民办园与农村幼儿园发展迅速

海宁市通过以奖代补的方式，引导和支持民办幼儿园提供面向大众、收费合理的普惠性服务。目前海宁市 16 所民办园中有 10 所为公益性幼儿园，全市有公益性幼儿园 61 所，占总园数的 95.3%，公益性幼儿园幼儿覆盖率达 85.5%，超过嘉兴市目标 10.5%。

海宁市也特别注重农村学前教育资源扩充和办学条件提升，三年行动计划期间，全市新建成的 6 所幼儿园中有 4 所为农村幼儿园，完成改扩建的

14 所幼儿园中有 13 所为农村幼儿园。2013 年，乡镇中心幼儿园全部建设成为浙江省二级及以上幼儿园，其中 2 所为省一级；各镇（街道）中心幼儿园均为公办园，对所属村级公办园实施“六统一”管理。全市幼儿园共招聘事业编制幼儿教师 134 人，其中农村幼儿园 93 人。目前农村幼儿园事业编制教师有 111 人，占农村幼儿教师总数的 13.4%，比实施行动计划前提升了 10.5%，师资队伍结构有了极大改善。随着学前教育三年行动计划完成，海宁补上了农村学前教育这块“最短的短板”，让城乡孩子站到了同一起跑线上。

（三）幼儿园师资队伍建设不断加强

通过近几年的努力，目前海宁市幼儿园教师学历达到了 100% 合格，其中，大专及以上高标学历达 90.4%，较 2010 年上浮 14.46%，超过省定目标 10.4%；持教师资格证的比例达 95.9%，较 2010 年上浮了 4.33%（见表 2）。

表 2　　海宁市幼儿教师学历及职称情况

年份	专业学历合格率	专科及以上学历比例	专业技术职称人数	幼教高级及以上职称人数
2008	98.06%	68.50%	738	146
2009	99.19%	73.98%	758	144
2010	98.85%	75.94%	852	195
2011	99.50%	79.40%	902	194
2012	99.80%	86.70%	964	220
2013	100.00%	90.40%	996	—

全市幼儿园共有事业编制教师 311 人，占幼儿教师总数的 26.4%，比 2010 年增加了 147 人；农村幼儿园事业编制教师有 111 人，占农村幼儿教师总数的 13.4%。同时，对非编教师参照事业编制教师的办法核定工资待遇，2011 年达在编幼儿教师的 60%，2012 年达 70%，2013 年达 80%，实现每人每年核拨 5.3 万元，平均年收入 4.6 万元；并使他们享受相应社保、住房公积金缴纳等待遇。2014 年非在编民办教师的工资标准正在制定中，增长幅度至少不少于 10%。民办教师工资收入的增加，也让他们在做人上有了尊严感，在工作上有了更大的积极性。

五、学前教育财政投入的问题与不足

虽然海宁市学前教育事业在近几年得到了较快的发展，但与当前经济社会发展的形势相比，仍然不相匹配；与周边教育强县市相比，仍有一定差距；与人民群众的期望相比，仍然有不小的距离。认真审视问题，深入剖析原因，新形势下海宁市学前教育质量提升还存在以下几个方面的薄弱环节：

（一）教育投入相对偏少，教育经费相对不足

海宁作为经济发达县市、全国百强县市，一直以来对教育的投入偏少。《海宁市教育局2015年部门预算》中财政预算拨款教育支出安排113255.97万元，其中，学前教育安排3237.87万元，仅占2.86%。此外，海宁市国家财政性教育经费的年报数额与教育局实际到位金额有很大差距。

（二）财政投入结构失衡，办园条件不均衡

尽管海宁市学前教育财政经费投入已经逐步向农村倾斜，但是目前城区幼儿园与乡镇幼儿园、农村幼儿园的办园条件差距依旧明显。2015年海宁市星级幼儿园的评选结果显示，全市8所四星级幼儿园中，有6所为城区幼儿园，其他两所分别是长安镇中心幼儿园和斜桥镇中心幼儿园。城区之外的街道、乡镇幼儿园均以一、二星级幼儿园为主，特别是其中民办幼儿园的办园层次明显较低，办园质量及达标率亟待提高。

（三）学前教育补助对象及补助方式的选择制度还不完善

海宁市的学前教育资助制度只能使在幼儿园接受学前教育的经济困难家庭的幼儿享受补贴，而在“户籍优先”的幼儿园招生办法和家庭经济因素的双重影响下，家庭较为贫困的外来务工人员子女往往无法顺利入园，享受不到相应补助，而他们才是更需要资助的对象。现行的制度是通过教育机构发放给幼儿，实质上是发放给家长，补贴给家庭。这种补助方式可以提高低收入家庭对教育支出的支付能力，但是这种方式也存在一定的弊端，它具有收入效应，得到补助的家庭可以将补助用于购买其他产品。因此，采取哪种

补助方式也需要根据不同的情况加以选择。

六、改革学前教育投入的政策建议

（一）加大学前教育经费投入

学前教育是一项民生性、普惠性的教育工作，适宜由政府、市场、社会共同来承担，而基于学前教育的产品属性，需要更加明确和强化政府在此领域的投入责任。我国学前教育发展出现的问题，在很大程度上归因于办园资金无法得到保障，直接影响学前教育的规模发展和教育质量的提高。因此，各级政府应将学前教育经费列入政府公共财政的范畴，逐步提高国家财政性学前教育经费支出比例，新增教育经费向学前教育倾斜，制定各级政府学前教育事业费达到同级教育事业费的一定比例，并逐年增长。根据《海宁市发展学前教育第二轮三年行动计划（2014—2016）》的要求，全市学前教育财政性投入占财政性教育经费总投入的比例需达到8.5%以上。在加大对学前教育经费投入的同时，应对专项的学前教育经费进行科学规范的管理，强化地方政府在财政性学前教育经费中的投入管理职责。

（二）确保学前教育资源均衡配置

在公共财政资源的分配上，政府投入方向应以促进社会和谐和保证教育公平为基本原则，把保证教育的公益性和教育公平作为教育政策的基础性目标。因此，在加大投入的同时，科学制定学前教育财政投入的新机制，坚持推动学前教育普惠化。在目前优质学前教育资源普遍向城市公办幼儿园倾斜的情况下，要着力通过加大财政投入和“削峰填谷”的资金分配机制，推动民办幼儿园和农村幼儿园办园质量的提升和受益儿童数量的增加，让所有幼儿共享优质学前教育资源。在此基础上，要加快实施《海宁市幼儿园三年建设规划》，完善适应城市化和新农村建设需要的区域幼儿园布局体系。

（三）完善学前教育助困机制

学前教育的公益性以公平为价值取向，要求各级政府教育职能在学前教育阶段的界定体现公平优先、兼顾效率的原则。具体来说，政府应保证每一位适龄儿童都享有平等受教育的机会。不过，对于弱势儿童而言，仅仅强调平等对待是远远不够的，还必须实行优先扶持策略，通过政府一系列完善而有效的政策举措，建立以政府为主、政府组织与非政府组织共同资助弱势群体的社会公平保障体系，使所有符合资助标准的儿童都能够享受到长期无差别的资助，让学前教育惠及全体适龄儿童，充分发挥学前教育的补偿功能，维护和实现学前教育的公平。

学前教育补助方式的选择，可以考虑直接补贴给幼儿的办法，即发放免费入学卡。持卡的幼儿可以进入教育机构，享受相应的学前教育和生活照顾。这种指定用途的补助办法，可以避免补贴给家庭产生的收入效应，同时也能够减轻经济困难家庭前期的学前教育支出负担，提高部分家庭送幼儿接受学前教育的积极性。

参考文献

[1] 我市成为省首批基本实现教育现代化县（市、区） [EB/OL]. http://www.zjhnedu.com/news.asp? table = jydt&n_ id = 3304.

[2] 优化资源配置、提升队伍素质、完善管理机制——海宁市实现学前教育“三度”发展 [EB/OL]. http://www.jxedu.net.cn/news/html/? 5063140.html.

[3] 王超. 中国学前教育财政投入公平性研究评述. 成都师范学院学报 2014 (9).

[4] 柏檀，熊筱燕，王水娟、中国学前教育财政投入问题探析. 教育与经济，2012 (1).

[5] 周奇杰. 学前教育财政投入问题与政策研究——以江苏省为例、会计之友，2012年 (7).

[6] 浙江省海宁市教育局沈林华局长谈 [EB/OL]. http://blog.sina.com.cn/s/blog_ 4fe060b20102uxu8. html.

[7] 曾晓东. 政府早期教育与服务财政支出规模的知识基础、学前教育研究，2008 (1).

[8] 蔡迎旗，冯晓霞. 政府财政投资幼儿教育的合理性——来自国外的教育经济学分析、比较经济研究，2007年 (4).

[9] 桂磊. 关于财政性学前教育经费在幼儿园之间的分配问题、学前教育研究，2004 (3).

[10] 贾少玲，刘家瑛. 学前教育区域均衡发展的财政投入政策选择分析——以陕西省为例、陕西教育学院学报，2011 (4).

社会养老服务价值定位与评估研究

——以浙江为例

刘央央[1]

摘　要　社会养老服务是老年保障体系重要组成部分，制度模式完善与否直接决定老年生活质量。对社会养老服务模式研究需明确模式价值取向，作为社会福利政策、公共服务项目及满足老年人需求的社会养老服务，它的价值取向应是发展型、公民权利导向型及积极老龄化，浙江省多年社会养老服务实践形成了统一性、多元性等特点，此模式距离社会养老服务模式尚存在较大差距，未来的改进措施则为加强顶层设计、紧密关注社会保障制度改革及推进养老产业战略发展等。

关键词　社会养老服务　模式　福利

社会养老服务是当前养老保障制度建设重点，各级政府投入了大量人力、物力。浙江省人大于 2015 年 1 月 26 日通过了《浙江省社会养老服务促进条例》，标志着浙江省社会养老服务进入有法可依的时代。但社会养老服务是一个系统工程，政策实践之前需厘清制度的价值定位，政策推行才具有可持续性。基于此，本文探讨了社会养老服务模式的价值定位，并结合浙江模式对其政策实施进行价值判断，提出改进建议。

---

① ［作者简介］刘央央（1982—　），女，浙江省温州人，浙江财经大学东方学院讲师，研究方向：社会保障理论与政策。

一、社会养老服务模式价值取向

（一）基于社会福利政策分类视角，社会养老服务模式应以发展型为导向

作为社会福利政策的养老服务制度，对其模式的分类传统上可依据福利政策的制度型与剩余型分为制度型养老服务模式和补缺型养老服务模式，制度型认为造成贫困的原因是社会化大生产造成人类贫困，工业生产的风险不是个人可以承担的，应将公民享受政府提供的福利保障措施视为公民的社会权利，政府有义务制定完善的社会福利制度来保障公民安全，而补缺型则认为个人陷入贫困是市场优胜劣汰的结果，是个人原因造成的，因此，政府没有义务来为个人失败承担后果，基于人道主义精神，政府负有提供最低限度救助的义务。由于我国的养老问题在“未富先老”情况下出现，此时社会尚未为高层次养老服务准备物质财富基础、保障基础，补缺型的低福利水平与日益增长的福利需求不符，而制度型的高福利水平与物质财富缺乏矛盾，因此需要将养老政策与社会经济的可持续发展协调起来考虑。近年来学者们提出以强调经济与社会发展内在整合的发展型模式为福利制度模式，如胡湛、彭希哲（2012）认为，发展型福利模式是以上两类模式的折中，不应将养老制度作为一种应急性策略，整合短期目标和长期战略来考虑经济社会持续发展问题；夏艳玲（2015）进而认为制度型或发展型是我国老年福利未来的发展方向，老年福利应该要一方面发挥养老经济保障作用；另一方面要能让老年人参与经济发展过程，分享经济发展成果，以提高福利水平和老年生活质量。

具体到社会养老服务模式中，发展型社会养老服务应体现如下内容：（1）养老服务政策与经济政策协同发展。养老服务政策不再是单纯的公共支出，而是促进经济发展的生产力要素之一。一方面，通过养老服务项目家庭可以释放劳动力，根据 Anneli Anttonen（1996）研究认为养老照护项目与女性获得带薪工作机会的相关系数为 0.8，意味着养老照护系统可以让女性有更多机会获得外部工作，最终减少对男性的依赖以获得独立；另一方面，养老服务政策可以促进以老年人为消费对象的养老产业的形成，发展满足老年人高层次养老需求的、市场机制作用的产品，如住宅、日常用品、高端护理服务、心理咨询等，可带来巨大经济效益，每年有近 10000 亿元的市场需

求（刘昌平、殷宝明，2011），养老产业前景十分广阔。（2）培育多方主体应对养老风险能力。福利多元主义理论认为社会福利供给存在多元体系，主要的供给部门有政府、志愿组织、商业部分和非正式部门。社会养老服务政策需发挥多元主体作用，政府、志愿组织、社区、企业及老年人个人都应参与到养老服务项目发展过程中，前四个主体参与在理论与实践上达成共识，老年人作为福利政策对象如何发挥主体作用则需要进一步论述。发展型福利模式试图帮助福利接受者发挥潜能、参与经济活动并促使其自立与自强，同时社会也要为他们提供必要的支援和帮助，由于老年人特殊生理条件，“不能简单地使用社会资源对老年人施以救助，更不能盲目延迟退休年龄或鼓励老年人参与经济活动”（胡湛、彭希哲，2012），在养老服务政策实施时，以效率、参与为导向，不仅在服务上要追求效率，而且要在有限资源内发挥最大化服务效用，不让福利资源被滥用；与此同时，扩大老人参与，表达自身的需求，展现生命的价值，实现老人自我、他人以及环境之间的和谐（朱满良、高轩，2010），从这一层次来看，被服务的老人不再是简单的福利被动接受者，而蕴涵着主动面对老年风险挑战，成为社会发展的重要主体。

（二）基于公共服务视角，将养老服务作为公民权利为取向

作为公共服务项目的社会养老服务（这部分提到的社会养老服务主要指政府提供的公共养老服务项目），我们从社会养老服务概念和政策本质两个层面解析它的公共性。从概念来看，社会养老服务是一种公共服务，社会养老服务是指动用社会化的资源和设施，利用政府、社会、家庭、个人等多方力量为老年人提供必要的服务，满足其生活照料、精神慰藉、医疗健康等需求，属于老年保障的重要组成部分，林卡（2014）认为它属于普遍的政府公共服务，因此享受政府提供的社会养老服务成为一种公民权利，尤其在我国社会养老应遵循公益性。从政策本质来看，社会养老服务属于社会再分配政策，面对资源稀缺性，需要提高社会福利分配能力以达到消除老年贫困、让老年人有尊严地度过晚年生活。新公共服务理论认为应该建立一个以公民为中心的政府，不仅要让公民享有政府提供公共服务的权利，还必须履行法律和社会赋予的为他人、为社会、为国家服务的义务（彭华民，2010），在我国服务型政府背景下，把社会养老作为老年人普遍的社会权利，社会养老成为政府公共服务重要组成部分，推动以传统家庭为中心的养老模式向以社会为中心的养老模式转变，为老年生活构建更高层次保障，体

现了以人为本的精神。

（三）基于老年人需求视角，以积极老龄化为取向

新中国成立以来，囿于物质资料限制我国社会福利政策采用补缺型模式，其特点是覆盖面窄、水平低、从属于国家政权建设，是一种在经济发展低水平下形成的福利。随着经济社会发展，补缺型的福利制度显然满足不了日益增长的社会需求，当前福利政策应以民生需要为导向，制定以需要为本的中国社会福利政策（田北海、王彩云，2014）。因此，制定按老年人需求为导向的社会养老服务政策成为必然需求。一般来说，老年人养老需求从两个层面解析：第一为需求内容，第二为选择的养老方式。从需求内容来看主要分为日常生活服务需求、健康服务需求、精神文化需求及社会参与，目前我国老年人的需求多集中于日常生活照料、医疗保健护理及情感慰藉，社会参与需求涉及较少，提倡社会参与意味着社会对老年人所发挥作用的看法变化，从原来的认为老年人是一种社会负担转变为推动社会发展主体，老年人对社会是有贡献的；从养老方式选择来看，多选择居家养老为主、机构养老为辅的养老方式，这主要是由于传统思想（家庭养老）影响，他们多考虑家庭养老，只有当他们的身体机能持续下降或家庭养老资源不足时，老年人才考虑社会养老服务（孙曼娇，2014），目前这两个层面的需求状况体现“健康老龄化”要求，与“积极老龄化”所提倡的以尊重老年人人权前提下，实现老年人以独立、参与、尊严、照料和自我实现的老年生活存在深层次差距，但随着家庭空巢化和小型化，以及养老保险制度完善，老年人收入增加，积极老龄化是应然之势，也是可行之道。

二、浙江省社会养老服务模式价值定位与评估

（一）浙江省社会养老服务制度现状

浙江一直都是全国老龄化程度最高的省份之一，截至2013年年末，全省60岁及以上户籍老年人口897万人，占总人口的18.63%，高出全国近4个百分点，预计到2020年，全省60岁以上老年人口将达到1186万人，占

总人口的24%①，老龄化趋势十分明显，与此同时，持续走低的生育水平及效果不如预期的“单独二胎”政策，将导致“4－2－1”家庭结构将在未来成为主流现象，而人口平均预期寿命则达到78.09岁，达到或超过中上收入国家水平②，在多种因素作用下，“低出生率、低死亡率、低增长率”人口发展模式成为未来主要模式，而浙江省老龄化形势将会非常严峻，政府探索适合浙江省情况的社会养老服务模式成为当务之急。

浙江省自2011年开始逐步探索社会养老服务体系建设，经过多年实践发展，最终于2015年出台了全国首个由省人大会议通过的《浙江省社会养老服务促进条例》，成为首个地方性法律，从法律层面保障以居家为基础、社区为依托、机构为支撑，功能完善、布局合理、规模适度、覆盖城乡的养老服务体系运行，标志着浙江省社会养老服务行为进入法制时代，形成了围绕着社会养老服务的主体职责、养老需求评估、机构建设标准与消防安全、人才培养等社会养老服务制度体系。具体文件如表1所示。

表1　　近年浙江省社会养老服务主要相关文件

文件名称	发布时间	发布单位	核心内容
《浙江省社会养老服务促进条例》	2015年1月25日	浙江省人大	界定了社会养老服务性质；明确政府、养老机构职责及养老产业发展的激励措施等
《浙江省城镇居家养老服务设施规划配建标准》	2015年1月21日	浙江省住房和城乡建设厅	各类居家养老服务服务用房配建指标与功能设置、室外环境、室内设计等
《浙江省养老服务收费管理暂行办法》	2014年10月20日	浙江省物价局和浙江省民政厅	各类养老机构收费标准及养老服务定价依据
《浙江省人民政府关于发展民办养老产业的若干意见》	2014年4月25日	浙江省人民政府办公厅	养老产业的主体作用及各项推动养老产业发展的措施
《浙江省人民政府关于加快发展养老服务业的实施意见》	2014年4月23日	浙江省人民政府办公厅	推进养老服务业主要内容及各类配套措施

① 资料来源：浙江新闻网．严臻．浙江为什么这么重视养老？http：//zj.zjol.com.cn/news/59445.html？from＝timeline&isappinstalled＝0，2015年1月22日。

② 资料来源：杭州网．浙江省人均期望寿命达到78.09岁．http：//ori.hangzhou.com.cn/ornews/content/2015－03/27/content_5706940.htm.2015年3月27日。

续表

文件名称	发布时间	发布单位	核心内容
《浙江省农村社区居家养老服务照料中心规范化建设指导意见》	2013年11月27日	浙江省民政厅	农村社区居家养老服务照料中心规范化建设内容、服务内容和形式及运行管理等
《关于加强养老服务机构消防安全规范管理的实施意见》	2012年5月28日	浙江省民政厅 浙江省公安厅	养老服务机构消防安全的规范管理
《关于做好计划生育特殊家庭扶助工作的意见》	2013年5月16日	浙江省民政厅、浙江省人口和计划生育委员会	计划生育特殊家庭养老服务优先优惠政策
《浙江省老年服务与管理类专业毕业学生入职奖补办法》	2013年5月2日	浙江省民政厅 浙江省财政厅 浙江省教育厅	从事养老服务工作的各类毕业生奖励政策
《浙江省农村居家养老服务设施建设三年推进计划》	2013年3月26日	浙江省民政厅	农村居家养老服务设施建设3年推进计划
《关于加强养老护理人员教育培训工作的意见 》	2012年11月2日	浙江省人民政府办公厅	养老护理人员教育培训主要任务及相关政策措施
《浙江省养老服务补贴制度实施意见》	2012年5月6日	浙江省民政厅、浙江省财政厅	城乡困难老人养老服务补贴条件、补贴标准、补贴方式及服务标准等
《浙江省养老服务需求评估工作实施意见（试行）》	2012年4月25日	浙江民政厅、浙江省卫生厅	养老服务需求评估内容、评估程序等
《浙江省人民政府关于深化完善社会养老服务体系建设的意见》	2011年12月15日	浙江省人民政府	完善社会养老服务体系各类内容和配套设施

从以上政府文件及多年实践可以看出，浙江省社会养老服务模式将焦点集中在老年人的养老服务需求层次界定，及各层次的需求供给主体认定、成本衡量等方面，呈现如下特点：

（1）养老事业与养老产业同步推进。统一推进养老事业和养老产业这两种不同层次的养老服务体系发展。养老事业以政府为主体，为老年人提供养老保障服务，解决的是基本老年基本生活需求。而养老产业由市场主体向老年人提供更高层次养老服务，如旅游、金融服务等。这两类服务的发展方向统一于《《浙江省人民政府关于加快发展养老服务业的实施意见》》，文件明确提出“城乡社区形成20分钟左右的居家养老服务圈，各类养老服务覆盖所有居家老年人，确立以护理型为重点、助养型为辅助、居养型为补充的养老机构发展模式”及“显著扩大养老产业规模”两大目标，并从法律、行业标准、监督机制、定价机制、信息管理、养老服务消费市场培育等角度明确发展目标，为养老事业与养老产业发展提供基础与发展方向。截至2014年6月底，居家养老方面，共建成城乡社区居家养老服务照料中心7374个，居家养老服务站18508个，有日间照料床位9.96万张，老年食堂3996家；从事居家养老服务的组织、企业7800余家。居家养老服务设施基本覆盖城市社区和70%以上的农村社区，养老机构方面，浙江省共有养老机构2099家，机构床位28.4万张，其中民办机构1065家，床位14.9万张，床位占比达到52.4%；每百名老人拥有机构床位3.16张；70%以上的市、县（市、区）建立了养老服务信息系统。①

（2）服务水平以满足基本需求为主。结合政策文件及政府公布数据可以看出，当前制度是以居家养老制度为建设中心，到2020年基本形成“9643”的养老服务总体格局，即96%的老年人居家接受服务，4%的老年人在养老机构接受服务；不少于3%的老年人享有养老服务补贴②。具体建设情况则如表2所示，社区居家养老服务照料中心分别为城市1166个、农村3830个；星光老年之家数量分别为城市2140个、农村16171个；居家养老床位总数为78555个；老年食堂为3302个，总体上，项目主要有集中就餐、托养、健康、休闲和上门照护等。从这些数据可以看出，目前的社会养老服务水平以居家养老提供的满足老年人日常基本物质需求为主。

① 资料来源：浙江省社会养老服务发展的基本情况，浙江人大网，http：//rdh. zjrd. gov. cn/ylfw/cyzl/jbqk/201412/t20141223_ 38880. html，2015年1月24日。

② 资料来源：《浙江省人民政府关于加快发展养老服务业的实施意见》，浙江省办公厅。

表2　　浙江省2013居家养老建设有关情况

	社区居家养老服务照料中心数（个）		社区居家养老服务站（星光老年之家）数（个）		居家养老床位总数（张）	老年食堂数（个）
	城市	农村	城市	农村		
总计	1166	3830	2140	16171	78555	3302
杭州	133	377	1267	3524	9639	863
宁波	324	561	68	966	3441	249
温州	126	500	43	1996	13190	332
湖州	38	138	152	578	3732	113
嘉兴	198	246	171	615	5560	176
绍兴	55	464	87	1448	4877	241
金华	71	549	90	1787	12079	543
衢州	53	218	19	1217	5684	203
舟山	25	64	63	407	1892	83
台州	92	460	107	2161	13312	329
丽水	51	253	73	1472	5149	170

资料来源：浙江省2013年老年人口和老龄事业统计公报。

（3）社会养老分类分层体系初步形成。根据养老服务供给主体不同形成三个层次养老服务体系（见图1），政府作为托底供给主体，分为两类供养对象：第一类为城镇“三无”和农村五保老人；第二类为低收入家庭中的失能、失智老人和高龄、独居老人。政府为第一类供养对象提供公办养老机构服务，实行集中供养，为第二类供养对象提供贯通机构和居家养老的养老服务补贴；大多数经济条件一般的老年人，则通过参加居家养老和非营利性养老机构获得多元化养老服务；少数经济条件较好的老年人，则由市场提供多元化服务，如通过高档次养老机构、购买养老房产等项目获得个性化养老服务。

（4）基本配套体系初步形成。浙江社会养老服务模式确立了政府、民间组织、市场、慈善等多元主体作为养老服务供给主体，重点针对民办养老机构出台涵盖土地、资金融资、税收优惠、财政支持、收益分配、人才激励等基础配套政策，为民办养老机构发展扫除障碍。与此同时，制定养老服务

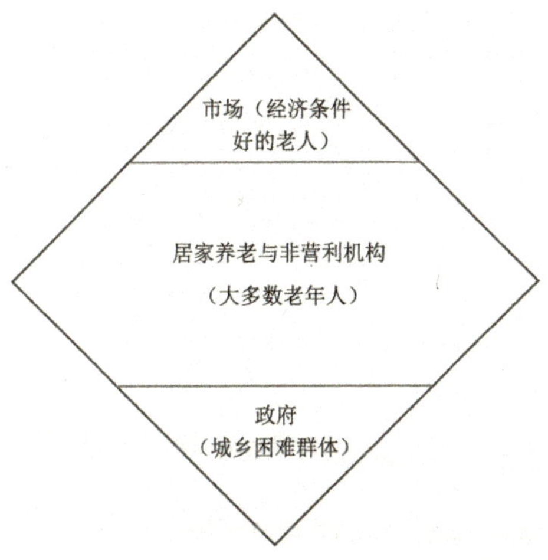

图 1　浙江省分类分层养老服务体系示意图

专业化人才培养与发展政策，为社会化养老服务提供人才保障。

（二）浙江省社会养老服务模式价值取向分析

前述制度现状一方面说明浙江省社会养老服务已经进入制度化发展，构建解决养老基本需求的社会化养老服务体系，浙江模式的确取得较好成绩；但从另一方面我们可以审视出浙江模式仍然是处于“健康老龄化”初步发展阶段，是一种满足较低养老需求的模式。

（1）属于公共服务的社会养老项目少。公共管理学认为判断项目是否属于公共服务，以服务供给主体和资金来源作为主要鉴别。一般认为有三种养老模式，即居家养老、社区养老和机构养老，这三种模式的供给主体与资金来源如表 3 所示，政府作为供给主体及主要资金来源在三种模式中都有体现，但目前浙江省社会养老体系构建情况是政府全力投入的项目集中在居家养老、满足农村五保户老人和城镇“三无”老人的公办养老机构为主。

表 3　三种养老模式供给主体与资金来源情况

	供给主体	主要资金来源
居家养老	政府	财政拨款
社区养老	政府、社区、社会组织及自治组织	财政拨款、慈善捐赠
机构养老	政府、企业主体	财政拨款、企业自筹

（2）社会养老项目服务水平较低。居家养老服务方面，城乡居家养老服务均出现服务水平不高的现象，提供的服务集中在就餐、家政服务，甚至有些农村居家养老服务中心，由于居住较为分散，居家养老中心处于闲置状态，医疗保健服务等较高层次的需求由于资金、人才的原因难以做到有效推广。机构养老方面，较高层次护理服务较为缺乏。浙江省多数养老机构提供的服务偏向生活护理、家庭服务，这能满足健康老人的需求，但一些失能或半失能老人，对较高层次医疗护理有需求，如缓解疼痛、姑息疗法等需要较高医疗技术的全方位医疗照护服务，但目前护理型养老机构的床位数仅占养老机构总床位数的25%（张伟斌，2014）。而在满足老年人文化精神需求上，建设资源更少，全省老年电视大学、老年大学与老年学校相对于老年人总量来说无法满足此类老人的需求（见表4）。

表4　　老年文化资源情况表

	老年电视大学			老年大学			老年学校		
	分校和教学点总计（所）	在校学员（人）	本年止累计毕（结）业（人次）	总计（所）	在校学员（人）	本年止累计毕（结）业（人次）	总计（所）	在校学员（人）	本年止累计毕（结）业（人次）
总　计	11308	684566	2978017	179	162855	558637	2445	191663	786306
老年文化资源分配比（%）①	0.12%	—	—	0.0019%	—	—	0.027%	—	—

资料来源：浙江省2013年老年人口和老龄事业统计公报。

（3）发展型社会养老服务机制尚未建立，养老产业发展进程缓慢。作为与经济政策协调发展的项目，浙江省在推动养老产业上进行全面规划部署，提出目标、任务及措施来推动养老服务产业的发展，政府政策“一头热”，实际运作困难重重，尤其是民办养老服务项目上，土地、融资、利润等问题依然是制约养老产业发展的重要因素，发展相对于养老需求较为滞后，总量较小，发展机制尚未建立。在养老服务接受主体能力培育上，政府工作重心在于部署各项养老服务制度规划并落实过程，而对于要求更为精细化的主体能力培育上，涉及较少，如《浙江省养老服务需求评估工作实施

① 这一指标衡量的是老年文化资源分配情况，由学校数量与老年人总数之比计算而来，老年人总数是采取2013年浙江省60岁以上老年人数，数值为895万人。

意见（试行）》发布了老年人生活自理能力评估表作为区分老年人采取何种养老方式的依据，评估表中列举了进食、移动、个人卫生、入厕、洗澡、上下楼梯及大小便控制等基本生活能力测评，但缺乏精神状态的测评，未达到发展型社会养老服务要求。

（三）对策分析

（1）明确政策价值取向，加强社会养老服务省级统筹规划。在进行政策制定时，需确立明确的社会养老服务政策价值取向，根据价值取向再展开制度设计与规划，有利于政策完整性、可持续性、前瞻性。现阶段，浙江省应根据社会养老服务模式价值取向，建立以积极老龄化目标的发展型养老服务模式，让社会养老服务成为广泛的公民权利，根据各地运行状况，省级政府统筹规划，出台阶段性发展规划，指导各地政策制定与落实，避免出现区域不平衡、制度频繁变换等问题。

（2）社会养老服务政策制定需与社会保障制度改革紧密结合。社会保障制度是养老服务制度的经济保障，尤其是养老保险制度改革对社会养老服务定价机制、需求等方面有重大影响。在人口老龄化发展趋势下，延迟退休成为必然趋势，但这会延迟老年人对养老服务的需求时间，与此同时，养老金替代率制度、被征地农民养老保险并轨制等制度改革，会提升老年人接受社会养老服务的偿付能力，由此可见，两者之间具有紧密关系。浙江省进行社会养老服务政策制定时，民政部门与社会保障部门之间应互通有无，在省级政府统一规划指导下，制定推动两个制度健康发展的措施。

（3）推动养老产业发展。社会养老服务具有二重性，即公益性与市场性的结合，政府在推进公益性养老服务同时，大力发展代表市场性的养老产业，它能满足老年人多样化需求，是发展型社会养老服务模式的关键，浙江省政府虽已引起重视，并出台包含税收优惠、土地等多项措施，但下级政府切实落实此类政策才能解决民办养老机构运行问题。与此同时，还有一个更为重要的问题，即如何吸引民营资本投资养老服务领域，以民办养老机构为例，前期投入长、利润回收期长且利润分配有严格的限制、经营风险大，少数机构亏空较大，2014 年浙江省基础养老机构现状专题调研报告显示，民营养老机构亏损情况较为普遍，有些机构亏损金额多达 5000 万元，面临关停。因此，政府要为养老产业发展创造良好的经济环境，切实落实扶持政策，并且关注养老产业的发展，进行业务指导，帮助他们渡过难关。

（4）加大公共财政投入力度。社会养老服务存在的种种问题，根源在于“未富先老”的社会中，物资资料供给无法满足日益增长的养老需求，而它在现实中则体现在政府财政投入不足上。按照分类分层养老服务对象管理机制及2020年要达到的“9643”目标，应明确各级政府财政投入领域及比例，形成稳定的财力投入机制，不断提升社会养老服务质量和服务水平。

参考文献

［1］邓子纲，雷俊．失能老人长期照护体系建设及产业化的三个维度［J］．社会保障研究，2014（4）：44－49.

［2］胡湛，彭希哲．发展型福利模式下的中国养老制度安排［J］．公共管理学报，2012（3）：60－70.

［3］刘昌平，殷宝明．发展养老产业，助推老龄经济［J］．学习与实践，2011（5）：25－30.

［4］林卡，朱诺．应对老龄化社会的挑战：中国养老服务政策目标定位的演化［J］．山东社会科学，2014（2）：66－70.

［5］彭华民．论需要为本的中国社会福利转型的目标定位［J］．南开学报（哲学社会科学版），2014（4）：52－60.

［6］孙曼娇．探索构建社会养老保险与社会养老服务协同机制［J］．江汉论坛，2014（2）：147－177.

［7］田北海，王彩云．城乡老年人社会养老服务需求特征及其影响因素——基于对家庭养老替代机制的分析［J］．中国农村观察，2014（4）：2－17.

［8］夏艳玲．老年社会福利制度：补缺模式与机制模式的比较——以美国和瑞典为例［J］．财经科学，2015（1）：119－128.

［9］朱满良，高轩．从新公共管理到新公共服务：缘起、争辩及启示［J］．中共中央党校学报，2010（4）：64－67.

［10］张伟斌．浙江蓝皮书：2014年浙江发展报告（社会卷）［M］．杭州：浙江人民出版社，2014（63）.

［11］Anneli Anttonene. 1996，“European Social Care Services：Is it Possible to Identify Models？” Journal of European Social Policy，Vol. 2，pp. 87－100.

海宁市智慧养老的实践探索与思考[①]

朱　计[②]

摘　要　传统养老服务越来越细化、专业和智慧，推进智慧养老是让老年人充分享受智慧经济发展的成果。本文从海宁市智慧养老的实践探索出发，结合智慧养老应有之意，指出当前海宁市智慧养老仍处于初级阶段，存在不少的问题，借鉴省内经验，提出推进海宁智慧养老的政策建议。

关键词　智慧养老　信息平台　政策建议

一、引　　言

智慧养老（Smart Care for the Aged），是指利用信息技术等现代科技技术（如互联网、物联网、社交网、移动计算机等），围绕老年人的生活起居、安全保障、医疗卫生、保健康复、娱乐休闲、学习分享等各方面支持老年人的生活服务和管理，对涉老信息自动检测、预警甚至主动处置，实现这些技术与老年人的友好、自主式、个性化智能交互。一方面提升老年人的生活质量；另一方面利用好老年人的经验智慧，使智慧科技和智慧老人相得益彰。目的是使老年人过得更幸福，过得更有尊严，过得更有价值。本文结合海宁市智慧养老的推进情况，分析当前养老面临的新难题。

① 本文为2014年浙江省社科联项目“医养结合养老服务模式的现实困境与路径选择研究”(2014B072)，2015年浙江财经大学东方学院院级课题（2015dfy022）的阶段研究成果。

② ［作者简介］朱计，男，(1987—　)，安徽固镇人，浙江财经大学东方学院讲师，研究方向：财税理论与实务、养老服务。

二、智慧养老的海宁进程

近年来，随着养老问题的日益突出，如何幸福养老引发社会广泛关注。据统计，2014年年底海宁市共有60周岁及以上老年人口15.7万人，占户籍人口总数的23.31%，明显高于全国和全省水平。预计到2020年，全市老年人口数将达到18.8万，约占总人口数的28%。近年来，海宁大力推进养老事业的快速发展，以实现人人享有基本养老服务为目标，以“幸福+养”工程为主线，以“三大”平台建设为重点，深入实施养老服务五大保障工程，全市养老事业不断取得新进展。

（一）全市综合性养老服务信息平台

2014年海宁市政府投资300余万元，建起了一个全市层面的综合性养老服务信息平台，全市养老事业开始步入智慧养老新时代。据了解，这一系统以居家养老服务为主体，兼顾社区和机构养老，是一个集老年人基础数据管理、96345服务平台、一键通呼叫系统、网上预约、电子结算、无线定位等于一体的智能养老信息系统。社区安装这一智慧平台后，社区内老人的基本信息都会录入系统，同时人力社保、卫生、残联等部门信息也同时纳入系统，实现信息动态管理。如果老人拨打了“96345”社区服务热线，接线员马上就可以了解到对应信息，便于为老人提供贴心周到的居家养老服务。

同时，在这个平台的基础上，还将建立一个养老机构的信息汇总网站。全市有多少空余的养老床位，上网一查一目了然，而且老人子女还可以上网预订床位。目前，海洲街道养老服务中心，海洲街道联塘社区和双凤村，斜桥镇华丰村正在调试安装此平台。今后，这个平台将逐渐覆盖全市社区、村和养老机构。

（二）信息化的机构养老管理系统

在机构养老方面，海宁市社会福利中心是2014年民政部等多个部门确立的养老机构信息惠民试点（浙江省共7家），为缓解全市社会养老机构养老设施供需矛盾，切实加强机构养老基础设施建设，从2011年起，启动海宁市社会福利中心改扩建工程，总投资预计约为2.92亿元。改建工程分三期，目前一期工程完工已入住老年人300余人；二期工程已完工，共396张床位，暂未入住；三期工程拟建设床位约560张，全部工程竣工后，全部建筑面积将达到7.49万平方米，床位1456张。在福利中心，物业涵盖有双人间、套房、家庭套房、单（双）人护理间、6人护理间等多种老人住宿用房及相关配套服务用房（如食堂、棋牌室、阅览室、大型多功能厅、室内健身房、公共洗衣房、医疗和临终关怀用房、监控中心、中心机房等）和公共绿化、休憩场所。

随着规模不断扩大，传统的管理模式也悄悄发生某些改变，一方面入住老年人多了，管理需要提高效率；另一方面，老年人对养老服务的需要也在发生变化。在一期工程开始的时候就将标准化的信息系统建设作为建设的重要内容之一，旨在提高管理效率和管理质量。海宁市社会福利中心信息化管理系统项目总投资600余万元（含硬件设施），目前此系统开始运行，系统设计上有以下模块功能：系统管理、老人管理、财务管理、护理管理、行政管理、总务管理、物业管理、社工管理、信息发布、一卡通、统计查询、短信管理、OA办公及信息发布、后勤管理、捐赠管理、档案管理、安全管理、WEB信息管理、WEB首页、餐饮管理。目前运作的模块有系统管理、财务管理、行政管理等，对系统功能利用的部分太少。

三、海宁智慧养老存在的问题

（一）初步信息化，远未智能化

从海宁现有的两套系统看，养老服务平台本来应当将全市家庭养老、社区养老、机构养老等联系在一起，但目前信息系统的建设处于起步阶段，且社会福利中心系统从功能定位上看，更侧重办公管理，也有服务老年人的功能模块，目前入住281位老年人，中心行政人员7人，护理人员20人，后勤9人。平台目前涉及人员仅有300人左右，并且此为办公内网，外界不可能使用，系统惠及人数并不多。且在养老服务平台各个涉老的模块没有能够连接起来，如社会福利中心系统没有能够跟全市的平台对接，信息不对称，系统或平台的功能发挥受到限制。

（二）管理有进步，功能待开发

从养老服务的管理上，通过系统或平台建设，能够提高管理效率，这一点在系统或平台的运行中能够感知出来，社会福利中心主任贾晓峰表示："通过办公系统可以及时了解老年人入住情况、老年人的基本信息、每月缴费情况、员工出勤情况、民管会的意见建议等内容，以前纸质手写的资料找起来也很麻烦，现在效率很高，也很方便"。但从系统或平台现有的功能来看，仅仅能满足一般管理需要，而对老年人的健康数据、老年人的个性化服务需求、老年人危险情况的应急响应，都还远远没有达到智慧养老预期目标。

（三）科技来助力，观念难跟上

从2014年10月起，海宁市开始实施居家养老"一键通"惠老工程，为全市有需求的老年人配置居家养老"一键通"。符合条件的老年人还可以免费领取一键通手机，除一般通信功能外，一键通手机设置了紧急呼叫功能，在老年人遇到突发情况时，通过手机定位功能及时反馈老年人的位置，为后续帮助提供信息。另外，在市社会福利中心，老年人入住的房间是没有监控的，老年人如果发生异常情况可以按床头或卫生间的呼叫按钮，值班的护理员会及时赶到房间核实情况，值班护理员也会定时查房，将可能遇到的风险降到最低。

科技帮助了老年人解决了很多问题，但科技手段只是工具，需要使用的人掌握操作它。当前对于移动可穿戴设备，很多老年人从心底排斥使用，当老年人走出社区、福利中心或养老机构时，本来带上穿戴设备可以很好地定位老年人的位置，防止走失，部分老年人观念跟不上，觉得自己还没糊涂到那个程度，被别人看到会被贴标签。还有这些信息系统，使用起来对老年人和服务人员有一定要求，如护理人员，她们的年龄在四五十岁左右，文化程度不高，录入信息，操作系统会有一定的障碍。

（四）养老幸福享，智慧难分享

一切的努力尝试都为了使老年人的晚年生活更加幸福，从智慧养老的定义上看，除了信息技术能够为老年人的养老带来便利外，还特别强调对老年人的人文关怀和老年人的智慧分享。对老年人的人文关怀是指养老服务更多的是劳务的付出，很难由机器替代，硬生生地将老年人进行标准化的管理，也背离了幸福养老的原意。同时老年人并不是这个社会的负担，他们积累一辈子的经验和智慧。在刚刚退休的时候，还是很愿意为这个社会贡献自己的智慧，也希望得到这个社会的认可。而在现有的智慧养老思路框架下，对老年人的自我实现的方式和途径，并没有能够很好地统筹考虑起来。

四、推进海宁智慧养老的几点思考

（一）整合养老服务平台资源，开发创新养老新设备

1. 整合现有养老服务平台资源

当前海宁养老服务平台刚起步，目标辐射全市，这样应该将社区、养老机构、养老管理部门、养老服务提供机构等有效连接起来，避免各个小模块自己单独运行，影响功能发挥，这样能实现数据互通、资源共享。举个简单一点的例子，老年人或其子女登录系统可以查询到附近养老机构床位供求情况，便于自己决策。或者设计与平台关联的手机 APP，通过平台或 APP 可以预约挂号，提高效率。这个平台应当对外开放，以便有更多的用户（包括老年人及服务提供商）参与进来，给养老服务的供需双方都提供一个信息交流的机会。

2. 开发创新养老新设备

智慧养老更多地体现在老年人所用的可穿戴设备上，可穿戴设备可以是手表、眼镜、手镯、项链等甚至可以是衣服。重要的是通过这种可穿戴设备的创新，在保障原有功能的前提下，能够收集老年人的重要信息，如脉搏、血压、睡眠质量、作息情况、位置信息等，通过平台或系统，来为老年人提供更精准的服务。

（二）充分利用老年人智慧经验，服务经济社会发展

智慧养老一方面要充分发挥信息技术在提升养老服务方面的重要辅助作用；另一方面有效利用老年人智慧经验等宝贵的智慧资源，这是当前很多地

方再提智慧养老建设时忽略的地方，是智慧养老应有之意。老年人特别是刚退休的老年人，其智慧经验相当宝贵，可以为社会提供很多帮助。例如，一个刚退休的工程师对遇到的技术难题，可能比刚工作的年轻人更有经验解决，可以提供技术意见。又如，一个大学教授对政府的规划可以提出政策意见。这些都是宝贵的智慧资源，也能让老年人在安享晚年时，觉得自己没有被社会抛弃，没有成为家庭负担，还能够继续发光发热，为社会做贡献。

（三）政策引导智慧养老服务，促进智慧经济大发展

当前智慧城市建设的提法较多，科技可以改变生活，但科技成本是非常高的，前面提到的海宁社会福利中心，目前300老人入住，管理系统预计投入600万元，老年人每月缴费才1180/1530元费用，若是对于企业，这样要很久才能回收成本，如果没有政府政策引导，智慧养老产业就很难发展起来。引领智慧养老产业发展需要从政府政策上，特别是税收政策上给予从事智慧养老的机构或企业一定的支持，这样智慧养老系统及设备、智慧医疗等才能发展起来，老年人也才能从中受惠，整个智慧经济才能发展起来。

（四）克服智能养老局限，倡导对老年人的人文关怀

反思近年来的养老政策，我们可以看到科学技术的两面性，智能化的养老方式能够为老年人的生活带来便利，但同时也看到存在的不足，如老年人可以用服务平台订购服务，这样老年人的子女看望老年人的机会和时间就少了很多，海宁的老年人生活节俭习惯了，对物质生活没有太高要求，反而在精神层面特别需要。对老年人多些人文关怀，少一些机器替代，也许对目前观念还没有完全转变的老年人来说更加需要提倡。听说在日本，老年人和机器人聊天作伴，咋一听感觉很先进，但少了人人之间面对面的交流，至少目前很多人还是接受不了的。如果当前智慧养老能够促进老年人和子女多些沟通和交流，想必也是一件很好的事情。有些事情是科技无法替代的，如中国人讲的孝，科技很难做出传统文化的味道。

总之，我们看到的海宁智慧养老刚刚起步，大部分功能没有发挥出来，需要进一步建设，也希望在建设的过程中考虑到成本因素，考虑到老年人的切实需要，以及现有政策可及性，通过智慧养老，推动幸福养老。

参考文献

[1] 左美云．智慧养老的内涵、模式与机遇．中国公共安全，2014（10）．

[2] 席恒．智慧养老：以信息化技术创新养老服务．老龄科学研究，2014（7）．

[3] 许伟文．“智慧养老”的理想与实践．中国社会报，2015－5－29．

[4] 陈豪．西湖区“智慧养老”应用探索．杭州科技，2014（4）．

[5] 邱利元．老人遇急事“一键”就搞定．海宁日报，2014－11－4．

[6] 海宁市政府办公室．海宁建起一个养老服务“智慧平台”．中国嘉兴政府门户网站，2014－10－8．

促进我国应用型本科高校建设的研究

张雪平①

摘　要　我国推行应用型本科高校，目的是打破职业教育的办学“瓶颈”、提升职业教育办学层次，提高本科学历毕业学生适应社会、满足社会就业需求和能力要求；同时，在国家层面提出了“探索发展本科层次职业教育”，应用型本科高校也应运而生。本文在分析应用型本科高校建设背景的基础上，提出了“本科职业教育”的定位，提出了应用型本科高校办学的几点特色。

关键词　应用型本科　高等教育　职业教育

一、应用型本科高校建设的背景

长期以来，我国本科高等教育往往定位于或倾向于学术研究型教育，体现在文凭（学历）上为颁发本科毕业文凭和相应的学士学位文凭；而职业教育的最高层次——高等职业教育定位为专科，体现在文凭（学历）上为颁布发大专毕业文凭、没有相应的学位文凭。这样的教育结构模式，导致社会上单纯地认为本科比专科层次高，以至于家长和考生想尽一切办法要读本科，而社会用人单位在招聘时也往往提出本科学历要求。特别是 1999 年高校扩大招生数量时，主要体现在本科招生数量的增加，为此新建了一批地方本科院校和独立本科学院，进而更加加剧了社会上对本科学历的认同感。直接体现在招生录取就是分批录取，导致学习成绩优秀的想尽办法就读本科；从而使高职院校的生源远远不如本科院校。

为了打破职业教育的办学“瓶颈”、提升职业教育办学层次，提高本科

① ［作者简介］张雪平，男，1972 年 1 月生，浙江金华人，浙江财经大学东方学院财税分院副院长、副教授。

学历毕业生适应社会就业需求和能力要求。2014 年 5 月，国务院发布《关于加快发展现代职业教育的决定》，首次在国家层面提出了“探索发展本科层次职业教育”，全面拉开了本科职业教育的序幕；并且进一步提出了“建立以职业需求为导向、以实践能力培养为重点、以产学结合为途径的专业学位研究生培养模式。研究建立符合职业教育特点的学位制度。原则上中等职业学校不升格为或并入高等职业院校，专科高等职业院校不升格为或并入本科高等学校，形成定位清晰、科学合理的职业教育层次结构”。

本文提出了“引导普通本科高等学校转型发展”的具体建议和思路。主张“采取试点推动、示范引领”等方式，引导一批普通本科高等学校向应用技术类型高等学校转型，重点举办本科职业教育。独立学院转设为独立设置高等学校时，鼓励其定位为应用技术类型高等学校。建立高等学校分类体系，实行分类管理，加快建立分类设置、评价、指导、拨款制度。招生、投入等政策措施向应用技术类型高等学校倾斜。”

为了更好地落实国务院的相关精神，2015 年 10 月，教育部、国家发改委和财政部三部门联合发布了《关于引导部分高校普通本科高校向应用型转变的指导意见》，提出了具体的“指导思想和基本思路、转型发展的主要任务以及配套政策和推进机制”，要求“各地各高校要从适应和引领经济发展新常态、服务创新驱动发展的大局出发，切实增强对转型发展工作重要性、紧迫性的认识，摆在当前工作的重要位置，以改革创新的精神，推动部分普通本科高校转型发展。”从而开启了我国高等院校“应用型本科”的转型发展之路。

以浙江省为例，早于教育部之前于 2015 年 4 月 16 日，浙江省教育厅、发改委、财政厅三部门联合发布《关于积极促进更多本科高校加强应用型建设的指导意见》（以下简称《指导意见》），对促进浙江省更多本科高校加强应用型建设明确了指导意见。为尽快落实此《指导意见》，浙江省教育厅办公室于 5 月 22 日，发布通知要求浙江省部分普通本科院校和所有独立学院于 6 月 25 日前报送加强应用型建设试点实施方案。7 月 21 日，浙江省教育厅公布了 41 所加强应用型建设试点本科院校的名单。12 月 28 日，浙江省教育厅从中择优遴选出 10 所应用型试点示范建设学校进行重点指导和支持。

应用型本科高校从政策的提出到最终落实并实施，前后仅仅一年时间，从中也可以看出国家对发展应用型本科高校的决心和力度，而作为一种全新的本科职业教育层次，同时也必然面临着到底如何建设好应用型本科高校的问题。作为一名浙江省应用型本科试点高校的教学工作者和教学管理者，笔者在拥护国家此项政策的同时也深感转型发展道路上必将面临的诸多不易。

二、应用型本科高校的定位

（一）我国现行教育体系的缺陷

就我国目前的国民教育体系而言，存在两大类教育：一是普通教育，二是职业教育。此前的义务教育阶段（小学六年和初中三年）是同类型的教育，两大类教育体系从进入高中开始区别开来。高中开始进入了非义务教育阶段，形成两大类高中学校：一是普通高中，二是职业高中（包括中职、中专、技校），前者毕业学生以参加高考、拟升入大学为主；后者毕业学生以直接进入社会从事就业为主。其两大体系的目的是，完成义务教育之后，想读完高中就想参加工作的，就读职业教育系列（高中毕业后也可以升入高职院校继续深造）；而如果读完高中想继续到大学深造并以学术研究型学习为主的，就读普通高中，参加统一高考升入高等学府（其中有部分升入四年制本科、部分升入三年制专科）。

但到底哪些学生初中毕业后就读普通高中、哪些人该去就读职业高中？似乎并不清楚，并不是根据学生本人的意愿来定，而单纯是根据所谓的中考成绩来划分录取。一般中考成绩高的进入普通高中就读（哪怕你想高中毕业就去工作而不想考大学）；成绩差的进入职业高中就读（哪怕你很想将来考大学）。于是就形成了一种社会共识：成绩好的读普通高中、成绩差的读职业高中；进而带来另一个社会问题：读职业高中是不好的。所以导致许多成绩只能上职业高中的家长千方百计地要想让孩子读普通高中。这是职业教育起步阶段就带来的一个伤害：全社会“看不起”职业教育。

从某种意义上说，只要是想就业，无论是读专科、本科还是研究生，都必须接受职业教育。这只是一种教育层次上差异，而不应该是“职业教育与普通教育”的差异。所以说，我国目前的从高中阶段就开始分化的两大类教育体系存在明显的制度设计上的缺陷。

（二）应用型本科的定位分析

绝大多数的中国家长都希望自己的小孩将来能考上大学，而且是本科。为什么？中国最传统的“学而优则仕”的思想仍然有强大的生命力；单纯追求分数的现实在推波助澜。

一直以来，从大学的培养层次上来看，又分两类：一是本科教育，二是专科（大专）教育。本科教育是培养研究型或学术型的专门人才为主，往往至少四年时间；专科教育是培养技术应用能力的人才为主，往往只要3年时间。所以前者毕业生除颁布毕业证书外还颁发证明你的学术研究能力的学士学位证书。那么，到底哪些人该读本科、哪些人该读专科呢？理论上说，应该是将来喜欢搞学术研究的人去读本科；不喜欢的人去读专科。但现实往往是根据高考成绩划分不同的批次：本科批和专科批；而本科批往往再分为重点本科（俗称一本）和普通本科（俗称二本、三本）。本科大学录取分数往往要高于专科大学录取分数，于是社会上形成一种共识：成绩好的才能考上本科大学、成绩差的才能考上专科大学；进而又形成一种社会共识：本科大学比专科大学好。

特别是1999年大学扩大招生时，扩大招生的往往是本科层次的录取人数，新设立了一批“独立学院”来招收本科人数，以此满足社会上对“本科”的需求。而要报考本科的考生和家长，并不是真正意义上的喜欢未来去搞学术或研究，而是简单地认为读本科要比读专科好。

某种意义上说，本科教育更多地倾向于理论性为主，培养学生的学术研究能力；但对学生的应用性、技术性的培养相对就比较缺乏；本科毕业生进入社会的就业能力和社会适应能力可能往往满足不了用人单位的需求。因此，导致的直接结果是本科教育的同质化非常严重，必须改变这一种局面。

明确将应用型本科教育作为“职业教育”来分类，从定位上来看，是非常符合现代大学教育制度本身的发展的。

三、应用型本科高校的特色

从职业教育的国民教育序列体系来看，目前国家比较清楚的体系包括：中等职业、高等职业、本科职业、研究生职业；此外，还包括在职培训和继续教育等职业教育的辅助环节。

相比较而言，本科职业教育自然与其他层次的职业教育有所不同，特别是与“高职”应该有哪些方面的不同或差异，这可能是应用型本科教育发展的关键所在。

就目前的教育体制而言，本科与高职的主要差异有这么几个方面：

一是专业设置上本科与高职是有区别的。本科专业分为12个学科、92

个专业类、506个具体专业（其中基本专业352个、特设专业154个，以及62个国家控制布点专业）。根据2015年最新修订的高职（专科）的专业目录，共设定19个专业大类、99个专业类、748个专业。为了更好地体现“专业设置与产业需求对接，课程内容与职业标准对接，教学过程与生产过程对接，毕业证书与职业资格证书对接，职业教育与终身学习对接，促进高等职业教育更好地服务经济社会发展和人的全面发展。”本次的专业设置中列举专业方向746个、主要对应职业类别291个、衔接中职专业306个、接续本科专业343个。

二是学习年限上本科与高职是有区别的。大多数本科专业学习时间是四年，而一般的高职专业学习时间是三年。

三是学历文凭上本科与高职是有区别的。本科除颁发本科毕业证书外，符合学位授予条件的，还会授予学士学位证书。高职一般仅仅颁发专科毕业证书。

除上述明显的区别外，在教学内容、教学过程、课堂学习等方面也存在一些明显的区别。例如，在教学内容的设计上，理论与实践性、课堂授课与实验授课等还是会有一些差异。由此，引发的一个思考问题就是本科职业教育与专科职业教育到底有什么样的区别和差异呢？多读一年书到底会有什么实质性的区别呢？这两个问题能否解决好，事关应用型本科教育发展的关键。

所谓应用型本科高校的特色，笔者理解主要是与高职（专科）培养和研究生职业教育（专业硕士）培养的对比区别中才可以提炼出来的。这需要通过应用型本科高校的试点探索中不断总结，以及最终所培养学生的能力素质体现出来。笔者以为应用型本科高校的特色主要体现在以下三个方面的学生培养上：

一是学生的研究思考能力较强。应用型本科高校的学生经过四年的理论研究与学术思考的训练，学生的发现问题、思考问题、解决问题的研究思考能力应该大大提升。就应用型本科而言，要通过一系列的实践教学环节来进行必要的社会调查、专业实习、专业论文等方面的训练；不断提升学生的研究和思辨能力。

二是学生的创新意识。创新意识是指人们根据社会生活发展的需要，引起创造前所未有的事物或观念的动机，并在创造活动中表现出的意向、愿望和设想。它是人类意识活动中的一种积极的、富有成果性的表现形式，是人们进行创造活动的出发点和内在动力，是创造性思维和创造力的前提。大学生应该是保守思想最少、最容易接受新生事物、最富创造精神的一个群体，祖国未来的发展靠青年学生，发展的希望在创新，创新的希望在青年学生，要建设创新型国家，必须从培养青年学生的创新意识着手。应用型本科建设更加要在学生的创新意识上加以培养和训练。

三是学生的创造意识。创造意识是人们在创造活动体验、经验和创造认识基础上形成的对创造的高度敏感性和自觉、自发进行创造活动的一种心理准备状态。

一个人创造意识的强弱，与他的人生观、世界观、知识结构、能力结构、思维水平密切相关，与他所处的社会环境、学习和工作环境也有直接的关系。作为应用型本科院校，要注重培养学生创造意识，特别是与现实实际部分、与专业相近的现实岗位紧密联系起来。通过不断地、持续地实践活动，逐步加强学生的创造意识的训练。

其实，以上三个方面是相辅相成的，也是学生能力一种从低到高的训练和培养过程。而要达到这三个方面能力的训练，势必对应用型本科高校提出了更高的职业教育要求。无论是培养方案、课堂教学、实践教学等各个环节都提出了非常高的要求。应用型本科高校为适应并实现这一层次职业教育的要求，学校方面必须要从制度设计上加以重构；老师必须要对自己的教学手段加以更新；学生也必须面向未来的职业需求客观地认识自己。

当然，作为应用型本科院校而言，在我国高等院校体系中才刚刚起步，欧美国家在这方面有更多的经验值得我们去学习和探索。

参考文献

[1]《国家中长期教育改革和发展规划纲要》(2010－2020).

[2]《国务院关于加快发展现代职业教育的决定》.

[3] 教育部等:《现代职业教育体系建设规划（2014－2020)》.

[4] 浙江省教育厅、财政厅、发改委:《关于积极促进更多本科高校加强应用型建设的指导意见》.

[5] 孙敬全，孙柳燕．创新意识．上海科学技术出版社，2010.